東京大学　知の森が動く

濱田純一――［著］

東京大学出版会

Move the Forest:
The University of Tokyo In Action
Junichi HAMADA
University of Tokyo Press, 2011
ISBN978-4-13-003335-0

まえがき

東京大学の総長に就任してから二年近くが経ちました。この本では、入学式での新入生を迎える式辞や卒業式での告辞をはじめ、この期間中に、私が折にふれて語り、あるいは記してきたものを、いくつかの基本テーマの柱にそって配列しています。この本を一読いただくことによって、明日の東京大学の姿を、私がどのような考え方で描いていこうとしているのか、理解いただけることと思います。

「森を動かす」という言葉が、私が総長就任後、最初に述べたメッセージです。そして、これが、私の任期中、総長としての職務の基本にあり続ける思いとなるはずです。この言葉で、シェイクスピアのマクベス劇の中にある、「森が動く」シーンを思い起こされる方もあるかもしれません。ここでは、そうした意味ではなく、東京大学の仕組みの全体を、新しい時代にふさわしい形に変えていきたいという覚悟を、この言葉に込めました。二〇〇四年（平成一六年）の国立大学法人化以降の改革の流れを踏まえながら、東京大学という壮大な知の森の力を最大限に、また中長期的に安定して発揮させていくために、組織全体の仕組みを見直し、ブラッシュアップし、定着させる、ということが、私の最大の任務であると考えています。

そもそもの教育研究の本質として、あるいは理想として、東京大学が進めたいことは山のようにあります。そして、そのために、着実な取り組みを行う時間や財源など適切なリソースが必要です。残念ながら、そうした環境条件は、今日、非常に厳しいものがあります。大きくは、日本の経済の停滞、少子高齢化の進行、国際的な地位の低下などといった問題があります。とくに、若い世代の人たちの間でも「閉塞感」といった言葉が語られていることが、非常に気になります。その兆しは、すでに以前からあらわれていたものですが、わずかこの二年ばかりの間にも、きわめて強く意識されるようになってきました。こうした環境は、東京大学の活動にとって、二つの面で、大きな与件となっています。

一つは、教育研究の成果を見せていくための時間的な余裕がなくなっているということです。教育研究のこれまでの高い水準を維持し、さらに、今日の世界の急速な変化に対応していくために、大学はあらゆる面で、より素早く動いていかなければなりません。もう一つは、活動のためのリソースの問題です。「危機に立つ大学」の項でも述べているように、いまの国立大学は、国の厳しい財政事情の下で適切な財政措置が得られず、予算面で追い詰められています。科学研究や大学への投資を増大させている海外の大学と競争していくために、なし得る限りの工夫を行っていかなければなりません。

ただ、周囲の環境がどうであれ、東京大学は学術の大きな夢を持ち、なすべきことは行っていきたいと思います。大学は、次の時代を担う若い人たちが学び、また未来に向けた研究がなされているところです。一方で、じっくりとした時間と手間が必要な教育研究の特性を犠牲にせず、他方で、求められるスピードや効率性に対応して、賢明に緩急をつけながら、改革を進めていきたいと考えています。そのための知恵や工夫を、「森を動かす。世界を担う知の拠点へ」という項において示した基本的な柱立て、そして、それを敷衍《ふえん》した『行動シナリオ』という形で示しました。こうした改革を進めるにあたって大切なことは、教育研究の原点に置かれるべき本質的な価値を見失わない、ということです。そうした姿勢を、とりわけ、「知の公共性」、「タフな東大生」、「大学のグローバル化」の各章の中で述べておきました。知的活動を通して、豊かな構想力と夢を、そして、それを実現していく精神と力を育て続けることは、今日のような時代であればこそ、いっそう大切なことです。「知の新たなスタイル」の章でいくつか例示しておいた新しい学術の展開の中でも、そうした本質を求める努力を続けたいと思います。

東京大学は、改めて紹介するまでもなく、巨大な知の組織です。学生が二万八〇〇〇名、その半分は学部学生、半分は大学院生です。教員は助教から教授まで四〇〇〇名近く、事務系・技術系の職員は二〇〇〇名（さらに医療系職員が一六〇〇名）です。年間の予算規模は二二〇〇億円で、主要なキャンパスが本郷、駒場、柏にあるほか、大学の施設は、北は北海道から南は鹿児島まで日本全国に存在しています。また、海外にも数多くの研究拠点を持っています。

このような東京大学の組織は、江戸時代にも遡る歴史を引き継いで、一八七七年（明治一〇年）に日本で初めて、近代的な「大学」としての形を整えて以来、一三〇年あまりにわたって、国民に支えられ成長してきました。「明日の日本を支えるために」の章で記しておきましたが、日本、そして大学を取り巻く厳しい環境に立ち向かいながら、人びとの幸福の基盤をなす「知識」という面から、東京大学はこれからも、日本と国際社会のために、より大きな貢献を果たす努力を着実に、そして大胆に続けていきたいと決意しています。

本書の出版にあたっては、山口雅己専務理事、竹中英俊常務理事ほか東京大学出版会の皆さんから温かいサポートをいただき、とくに山田秀樹氏からは、適切なアドバイスときめ細やかなご配慮をいただきました。心より感謝申し上げます。

本書校正中に、東京大学出版会の白崎孝造氏の訃報に接しました。東京大学の教員はじめ数多くの研究者が、氏の手を通じてその研究成果を世に問う機会を得たことと思います。私もその一人でした。学術への愛情溢れる編集者としてのご生涯に、心からの敬意と感謝を込めつつ哀悼の思いを記させていただきます。

二〇一一年一月二五日　雪のミュンヘンにて

濱田純一

東京大学　知の森が動く

目次

Ⅶ――明日の日本を支えるために

■コラム一覧

I

森を動かす

この冒頭の章に収めたのは、二〇〇九年四月一日に総長に就任した私が、就任にあたって行った挨拶をはじめ、総長として東京大学運営の基本的な方針を述べているいくつかの文書です。

この就任挨拶の考え方をベースに、同じく四月に、「森を動かす。世界を担う知の拠点へ」というメッセージを出して、私の大学運営の柱となる主要項目を示しました。さらに、これらの柱を踏まえて、学内を中心に一年間にわたって議論を重ね、二〇一五年三月までの私の任期中の仕事の指針となる『行動シナリオ（FOREST2015）』を作成しました。ここには、このシナリオの総論にあたる「行動ビジョン」の部分を収録しています。また、この『行動シナリオ』にかける私の思いを述べたインタビューも、併せて収めました。このインタビューを通じて、私の考え方を、より生き生きと理解いただけるだろうと思います。

総長就任挨拶

二〇〇九年四月一日

時代はいま、大きな変化の時期を迎えています。金融や産業が世界的規模で動揺する中で、人々の生活の基盤も揺らぎ、社会は未来への確かな指針を待ち望んでいるように思えます。この危機が克服された後の世界は、決して危機以前の状態に戻るということではないでしょう。人類の知恵は、この危機から学び、誰もがより快適に安心して生活できる社会の姿を生み出していくはずです。

そのような新しい世界を描き、それに至る道筋を提示することが、いま学術に求められています。東京大学においては、人間の存在や生命現象の仕組み、さらには宇宙や物質の成り立ちに対する根源的な研究、また、人々の社会生活を支える科学技術の開拓や制度・理論の構築など、幅広く多様な学術研究が行われています。そして、それらの研究を基盤として、未来の社会を担うべき優れた人材が育成されています。

日本の国民に支えられる国立大学法人である東京大学は、こうした学術研究と人材育成を通じて、未来への確かな指針を示し、国民に対する責任を果たしていくつもりです。言うまでもなく、今日私たちの生活や直面している課題は、世界の国々との密接な関係の中で存在しています。東京大学の教育研究活動は、世界とのかかわりなしには成立しえず、また、その成果は、広く人類全体に享受されることが期待されているものです。

社会が数多くの課題を抱えていることに対して、東京大学は、新たな学術的価値を創造し、多様な教育と研究のプログラムを構築していくことで応えていきます。こうした挑戦を可能にする学術的な基盤の充実と発展にも、引き続き力を注ぎたいと考えています。東京大学の学術のウィングは、現在と未来だけではなく過去にも広がっています。知の創造にとって、未来に開かれた知の可能性に対する果敢な挑戦とともに、歴史に鍛え上げられた知の蓄積に対する鋭敏な意識は、決定的な要素です。時代にもてはやされる研究だけではなく、多彩な学問分野を時の制約を越えて確実に維持し発展させ続けることは、学術の基盤を豊かなものとし、創造性を生み出す源となります。

知の創造と教育、社会との連携を通じて、東京大学は、日本の未来、世界の未来に対する公共的な責任を、いまこそ果たすべき時であると考えています。これからも東京大学は、豊かな構想力を備えた

「世界を担う知の拠点」として、いっそうの発展を図っていく決意です。

森を動かす。世界を担う知の拠点へ

二〇〇九年四月

■ 森を動かす

国立大学法人化後五年が経ち、佐々木元総長による法人化の制度整備、小宮山前総長による法人化のもつ可能性へのチャレンジがなされてきた基盤の上に、いま法人化による改革は、土壌づくりと「木を動かす」段階から、「森を動かす」段階に入ったものと考えています。法人化後の仕組みやその可能性を存分に活用し、東京大学の基底から湧きあがる力を最大化し持続可能なものとしていくという課題が、私の任期中のバックボーンです。

この課題の確実な実現を目指して、行動シナリオを策定します。

■ 世界を担う知の拠点

東京大学は、国民に支えられる大学として、日本社会に対する直接的な貢献とともに、世界の人々の福利に寄与することを通じて、日本に対する信頼と敬意を高める役割を担います。

東京大学は、世界の知の頂点を目指して研究水準を一層高めていくとともに、教育を通じて、卒業生が日本と世界の至る所で、東京大学の知を生かして活躍し、人類の未来を支えていくことができる、卓越した知の拠点たるべきであると考えています。

■「未来への確かな指針」を示す、知の公共性

時代はいま激しく変動し、将来が見通しにくい状況となっています。こうした時こそ、学術を基盤として「未来への確かな指針」を示し、誰もがより快適に安心して生活できる社会を作るのに寄与することが、東京大学が担うべき「知の公共性」であると考えます。

■総長のリーダーシップ。強い本部と強い部局、強い個人

総長のリーダーシップは、教職員学生がもっている力を最大限に引き出しながら大学全体を動かす力にあると考えます。教職員学生一人一人が優れた力を有している東京大学は、しなやかなリーダーシップを発揮するにふさわしい組織です。この考え方を踏まえて、強い個人、強い部局を基盤とした強い本部組織を運営します。

■「厚み」のある教育。「タフ」な東大生

教養教育、専門教育ともに、さらなる質の洗練を続け、総合研究大学としての相乗効果を最大限に発揮することによって、教育の内容に「厚み」をつけます。知力にくわえて、人間力と国際的な力を鍛え、たくましい交渉力と大胆な行動力を備えた東大生をさらに多く輩出していきます。

■世界から日本へ、日本から世界へ

海外からの留学生や研究者の受入れを拡充すべく、体制を強化します。アジアをはじめ世界の人々に対して知の公開を行い、かつ、知の創造のための多様性を拡大します。日本人学生のさらなる国際化は決定的に重要です。日本人学生に、語学学習、国際経験、留学生との交流の機会などを、拡大します。

■二兎を追う

学術においては、基盤的なディシプリンの教育研究の拡充と、先端的・融合的な教育研究へのチャレンジとに、ともに取り組みます。業務運営においては、安定性のある正確さと、柔軟かつ挑戦的であることを、ともに目指します。長所と長所の組み合わせを大胆に試み、その相乗効果を生み出します。

■ スリムな組織、スマートな運営、スピーディな業務

組織改革、業務改革の一層の推進とコンプライアンスの徹底を図ります。スリムな組織による効率的な経営によって教職員の創造的活動のための時間を生み出すとともに、国立大学法人にふさわしい、スマート（賢く洗練された）でスピード感のある業務運営を目指します。

■ 財源の多様化と資産の有効活用

多様な財源の確保とその機動的な運用によって、高度な水準の教育研究活動を確実に担保していきます。施設、敷地等の資産は、計画の最適化とともに、多様な開発手法を用いることによって、有効で迅速な活用を図ります。また、施設等の適正な管理をすすめます。

■ 旗艦大学の自負と広範な連携

東京大学は、日本の知の水準を着実に高めていく重要な責務を負っています。そうした責務は、東京大学自らの誇りある教育研究活動によって、また、多くの大学や産業界、国、自治体等も含めた社会との幅広い連携によって、果たされるものと考えています。

コラム もりかも

ある職員から「もりかも」という言葉を聞いた時は、何のことか分からなかった。説明を聞いて、これが、「森を醸す」、つまり、私の総長就任以来のキャッチフレーズである「森を動かす」の応援コピーであることを知った。可愛いカモのマスコット・キャラクターまである。その姿を、原作者の遠藤暢雄さんにもう一度、このコラムのためにスケッチしてもらった。

職員たちが、東京大学の次の時代の基盤を固めようという私の考え方に共感をもって動いてくれるのは、実に心強い。「森を動かす」ための柱の一つは、「強い個人」である。学生、教員とともに、職員も強くなければ、知の森の生態系はサステイナブルではない。『行動シナリオ』の中でも、「プロフェッショナルとしての職員」という目標を掲げている。

先日、『行動シナリオ』と大学予算削減問題についての全学説明会を安田講堂で開いたときに、この目標の意味について、一人の若手職員が立ち上がって私に質問をした。その時は、「他の人と連携しながら自分の専門領域を深めること、同時にウィングを広げて、その専門を他の人と一緒に活用していけること」といった趣旨の、「コミュニケーション」にポイントを置いた答えをしたが、ストンと理解できる説明では多分なかったと反省している。その職員は、敬老精神に富んでいて、一応納得したような顔をして座ってくれたが。

後でもう一度、この質問を反芻しているときに、ふと、「気働き」という言葉が浮かんできた。若い人にはあまり耳慣れない言葉かもしれない。広辞苑を引いてみると、「事の成り行きに応じて即座に心のはたらくこと」とある。「気の利くこと。気転」ともあるが、言うまでもなく、他人との関係において意味をなす言葉であろう。「気働き」のポイントは、周囲の人や仕事の動きを敏感に察知しながら自分の仕事をすすめていく、というところにあると思う。

　これは何も仕事に限ったことではない。いまの世の中、周りの動きに応えることを、妙に恥ずかしがる風がある。気がつかないわけではない。決して冷たいわけではないのだけれども、何か声がすっと出ない、身体がさっと動かない、というところがあるようだ。この「気働き」が身についているかいないかで、その人を取り巻く場やコミュニティの雰囲気は大きく変わることだろう。

　「プロフェッショナル」というと、つい、孤高の存在をイメージしやすいが、連携した仕事が求められる職場ではそんなことはありえない。何より、「気働き」は、他人を助けるだけでなく、自分の力の幅をつけ、鍛えていくことにつながる。「情けは人のためならず」である。「もりかも」のキャラクターの目も、いかにも「気働き」の精神に溢れているようで、頼もしい。

もりかも

12

東京大学の行動シナリオ「行動ビジョン」

二〇一〇年三月二五日

東京大学の知の公共性と国際性

二一世紀という新たな時代の輪郭が次第に形作られつつあります。グローバル化が進む中で、民族紛争やテロ事件の頻発、経済格差の拡大、地球温暖化など、安全や豊かさへの脅威が増大する一方、文化、環境、医療、食糧など多くの領域で、国際的な視野と協調のもとに持続可能な人類社会を形成していこうとする動きが急速に強まっています。未来を見通しにくい不確実性の下、社会の安定的な発展と成熟をいかに実現していくかということが、時代の課題です。

こうした時代は、大学の存在意義と社会的責任が試される時でもあります。近年の地球的な規模での危機は、それを克服するための科学・技術や思想など、知が有する公共的な役割への関心を高めました。大学こそ、このような知の公共性のもっとも重要な担い手であり、知の創造すなわち「研究」と、知の批判的継承にもとづく人の育成すなわち「教育」とを通じて、より豊かで安定した社会の構築のために果たすべき大学の役割が、ますます重要なものとなっています。その憲章において、東京大学が「世界的な水準での学問研究の牽引力」であるとともに「公正な社会の実現、科学・技術の進歩と文化の創造に貢献する、世界的視野をもった市民的エリートが育つ場であることをあらためて目指す」と掲げた理念は、今日においてこそ試されています。

とりわけ、社会がグローバル化に向けて大きく舵を切り、学術の世界でも国際競争が激しさを増している現代において、国際化は東京大学の最優先課題の一つです。さまざまな国際的なプロジェクトを支え、世界に拡がる研究者や学生の交流・育成の核となる、グローバル・キャンパスの形成に向けて取組みを行います。日本の学術が持つ魅力と強みを発揮し、アジアの諸大学との連携のハブとなりつつ、言語や発想・価値観などの多様性を組込んだ、世界の学術のトップを目指す教育研究のプラットフォームとして、東京大学の国際的な存在感を高めていきます。

知の共創——連環する大学の知と社会の知

歴史の流れと国際的な広がりの中で多様な学術が連鎖し再生産されてきた東京大学は、時間と空間、分野と特性を越えて知が切磋琢磨し、卓越性を目指して未知への挑戦を無限に続けていく、ダイナミックな「知の連環体」です。そして、東京大学が推進する社会との連携は、無限の「知の連環体」の複合的なネットワークを、大学という空間の中だけでなく、その外にまで押し拡げて新しい知の秩序を生み出し、厚みを与える活動にほかなりません。

大学が社会と関わりあう回路は無数にあります。東京大学はこれまでも、人間の存在や自然・事物に対する根源的な探求、生命現象の本質の解明、新たな産業を支える技術の開発、将来の社会生活や経済生活を支える制度の設計など、現代社会の発展に寄与する高度で幅広い教育研究を展開し、その知の蓄積と能力を社会全体の変革と進化の駆動力として活かしてきました。そうした寄与を、社会との効果的な連携を通じてさらに高めていきます。

時代は今、大学からの研究成果の還元という一方向だけでなく、大学と社会の「知の共創」と呼ぶべき活動を進める段階に来ています。東京大学は、知を生み出し育てる自立した学問の場であることを活かして、真理を追求し知を創造する力を極限にまで高めるとともに、大学と社会とが協力して課題を発見・共有し、新しい知とイノベーションを生み出していくことのできる構造を教育研究の多様な回路を通じて展開し、その中で、身近な地域から国境を越えた諸外国に至る多様なパートナーと連携する拠点として進化していきます。

社会連携のさまざまな回路を拓き、知を媒介として大学と社会がともに発展する共生関係を作っていくために、世界最高水準の研究成果を、日本の社会と世界に向けて、明快な言葉で説明する力が情報発信に求められています。最先端の学問の面白さとその社会的意味について自らの言葉で情熱をもって伝えていくことは、未来の世代に向けた大学からの力強いメッセージとなるはずです。

大学が教育を通じて有為の人材を育成することは、社会連携のもっとも重要な回路であり、東京大学が生み出した人材は、社会の多様な分野で活躍しています。こうした卒業生と大学との緊密なネットワークを形成していくことは、大学の活動に対する幅広い支援の基盤となるとともに、大学の知と社会の知の連環を活性化させる上でも重要な意味を持ちます。卒業生が「市民的エリート」として活躍し続けることができるよう、母校である東京大学の活動に関わる機会や仕組みを拡大し、また、母校を活用して自らの知的生活を豊かにしていくことのできる環境を整えていきます。

真の教養を備えたタフな学生

東京大学の教育の目標は、国際的な広い視野を有し、強靭な開拓者精神を持ちつつ、公共的な責任を自ら考え、行動するタフな人間の育成です。とりわけ、「リベラル・アーツ」、すなわち主体的に思考し生きる個人にふさわしい教養は、先の見通しにくい困難な時代であればこそ、大学教育の基本となるものです。教養とは、現在進行形の諸問題を歴史的な視野で考え、局所的な現象を普遍的な枠組みでとらえていくことにより、相互に関連づけることのできる力であり、現実のさまざまな事象に向き合い、粘り強く応答し、あるべき解を求めていく中で培われるものです。

東京大学の学士課程は、専門の知や実践の知と補強しあう関係にあるこの教養の知を重視します。教養教育を中心とした前期課程と、専門基礎教育を中心とした後期課程との一貫性を深め、それぞれの課程における教育のあり方についてさらに改革を推進することによって、さまざまな専門性と実践力によって社会に貢献する、高度な教養を備えた人材を育成します。そのために、教員と学生との知的対話をさらに活発にする教育環境を整え、教育施設や学生寮の拡充を行い、学生支援を充実させていきます。

大学院における教育は、世界最高水準の専門の知と実践の知を獲得するために行われます。優れた人材が、世界から東京大学へ集い、東京大学から世界へ羽ばたくことを目指します。そのためには、大学院生が充実した環境の下で、存分に能力を高め、研鑽を積んで社会を担うための幅広い基礎力を身につけると同時に、高度専門職業人として、また、次代の学問を生み出す研究者・大学教員としての将来像が描けるような環境を整えます。大学院生への研究支援を充実させ、国際的な活躍と交流の場を一層拡大することを通じて、世界水準の人材を育てます。

豊かな知識を基盤に、能動的学習や国際経験の機会の拡充、さらに課外活動や社会的体験などを通じて、弱者への思いやりと倫理感、そして強靭な精神をバックボーンとし、多様な価値観の存在を意識したコミュニケーション力と知や社会のフロントを切り拓く行動力を備えたタフな学生を育てていきます。それを可能とするために教員の教育力を向上させ、学生の主体的な取り組みを支援し、また、とくに卓越した学生の能力をさらに開花・伸長させることのできる仕組みも整えます。潜在力を持った多様な学生の確保に一層ふさわしい入学試験のあり方についても検討を行います。

活力のある卓越した教員

東京大学の学問が持つ底力は、「わからなさ」や「難問」とじっくりと向かいあうことの価値を再確認することから生まれます。世界最高水準での卓越とは、薄められた啓発からは生まれない濃縮された知であり、異質なものとのぶつかりあいの中で解き難い問題や未知の課題と粘り強く取り組み、意外な解決の道筋を見つけだし、そこに大きな喜びを見いだすことこそ、大学のみならず社会の進歩の原動力です。学問の根源を担うディシプリンを踏まえた基盤的研究や基礎教育を腰を据えて行うと同時に、変化し続ける最先端の知を切り拓く先進的な研究・教育に大胆に挑戦していくという「二兎を追う」努力は、東京大学の教員ならではの強みと責任であり、また人材の新たな交流と学問の新たな融合とを生み出す基礎ともなります。

東京大学は、本郷・駒場・柏キャンパスからなる三極構造の基盤の上に各キャンパスの個性化・特色化をさらに促進しつつ、卓越した知を持続的に生み出すことのできる魅力的な環境を整えることによって、世界各地から優れた人材がそこに集い、教育者として、研究者として、思う存分に力を発揮できるような場でありたいと考えています。そのような開かれた場として、性別・言語・国籍などの差異やバリアを超えた教員の多様性を確保し、組織の新陳代謝を促進し、人事の流動化と活性化を促していきます。そうした教育研究の活力ある中核拠点として、全国の大学や研究機関と連携し、学術の発展の基盤を支えていく責任を担います。

大学を取り巻く状況の大きな変化、すなわち学生の多様化、経常的研究費の減少と競争的資金の増大、さらに管理運営の複雑化や高度化等によって、教員の管理運営業務にかかわる負担は著しく増大しています。優秀な人材を確保し続けるために、組織・業務のスリム化や支援体制の拡充によって、こうした状況の改善に取り組みます。若手研究者のポストをより多く確保することも、喫緊の課題です。定員削減や定年延長等によって生じてきている教員集団の年齢構成の偏りを是正しながら、人事システムを柔軟化して優秀な若手研究者を積極的に採用し、全体の力を活性化していく工夫を行います。

教員一人ひとりはすべて、東京大学の教員として優れた教育と研究を遂行しているか、自ら検証し、外部の評価を受け、説明する責任を負います。また、教員をはじめとするすべての構成員は、公共の知を担う大学人として、学問及び社会に対する高い倫理感とコンプライアンスに対する強い意識を保つことが求められます。それらを担保するために必要な体制を強化します。

高い能力と専門性を持つ職員

知の公共性を担う大学という場を支え育てるためには、職員が教員と一体となって、大学経営に充実感と責任感を持ってあたることが必要です。法人化以降、新しい課題に対応していくために事務量が飛躍的に増大する一方で人員削減も課されるなど、厳しい状況が続いている中、職員がその能力を主体的に発揮して職務を遂行し、「東大職員」としてのブランド力を培う環境の整備を推進します。職員が、組織や業務の改革に意欲的に取り組むとともに、目立たずとも地道な業務を確実に行っていくことは、組織にとって盤石の基盤となります。また、高い専門能力を持つ職員を積極的に採用・育成し、経営管理や教育研究支援のプロフェッショナルとして力を発揮できるようにするための仕組みを強化します。業務の専門分野に通暁するとともに業務全般を見渡すことのできる能力を持った幹部職員を育成し、経営システムの改革にあたっては、職員も積極的に関与し、かつ責任を担う体制づくりを行います。

人事制度の抜本的な見直しを進め、安定性の高い雇用基盤を確保しつつ、それぞれの職務においてどのような能力が求められているのか、キャリア形成のモデルを提示するとともに、主体的に能力を向上させることのできる機会と時間を確保することで、職務環境への信頼と意欲を生み出します。職員等の育成については、海外派遣や他機関・民間企業との人事交流を含め、効果的な研修などの機会を積極的に設け、質・量ともに世界最高水準の総合研究大学にふさわしい国際感覚のある教育研究支援の体制を実現します。

機動力のある経営

大学という空間にとって重要なのは、多様な職種や職位を担う主体が、その持続的な発展に必要な責任を果たしていくことです。そのために、何よりも教員、職員、学生の一人ひとりが、その個性や能力・経験を活かしてしなやかなコミュニケーション力と行動力を発揮することこそ、大学経営の基盤となります。教育研究の基本単位としての部局は、専門とする知の厚みを活用する場を主体的に追求します。そして本部は、各個人と各部局の努力を協調させて果実を最大限に実らせるために、経営組織としてリーダーシップを発揮できる体制を構築します。東京大学は、「強い個人」と「強い部局」と「強い本部」というトライアッド構造による、総合力の発揮とガバナンスの強化を目指します。

教員と学生との知的対話に基づく質の高い教育研究環境を整備していくという観点から、教育研究のマネジメントや組織体制のあり方について不断の点検と見直しを行い、東京大学の使命に照らして、適正な全体規模、組織やキャンパス施設のあり方について積極的に検討をすすめます。また、与えられた資源を最大限に活用し、優れた人材が能力を十分に発揮するためには、柔軟で合理的な経営が不可欠です。事務や事業の見直しを加速しコスト意識を徹底するとともに、本部や部局の事務組織の効率化を図り、細分化し肥大化した全学組織や合理性の乏しい規則等も全面的に見直して、ガバナンスにおいて機動力のある組織運営を行います。

法人化後、東京大学は、基金の形成をはじめ外部資金をも積極的に活用していくことで、財務体質の強化を図ってきました。産学連携の分野でもさまざまな試みが行われ、多くの成果が生まれています。そうした成果を知の多様さと豊かさへと成熟させていくために、それを全学的視点から活用し次の可能性に効果的に投資していきます。また、教育研究の基盤となる経費を着実に確保していくと同時に、外部資金の活用方法をさらに検討し、教育や基礎研究など、外部から競争的資金を獲得しにくい分野についても、東京大学全体の学術ビジョンに基づいて予算を適切に配分します。施設の有効活用と管理整備の状況についても綿密に検証し、安全性・快適性や環境に配慮した持続可能な施設整備計画を策定します。数多くの施設を多様な部局のニーズを踏まえつつ全学的な観点から効率的に活用管理する仕組みを整え、実験設備などの共同利用や共同施設の整備も推進します。それは、経費節減のみならず、部局を横断するコミュニケーションを活性化させ学際的な教育研究の推進にも寄与するはずです。また、とりわけ文系の教育研究に不可欠な書庫スペースの整備計画を推進します。

東京大学で扱われる膨大な情報を活用するためのシステム整備は、学術情報の共有化による新たな価値の創出など教育研究の活性化、業務の効率化と質の向上、構成員間のコミュニケーションのためにきわめて重要な課題です。そのため、既存システムの融合を図ることにより情報システムの共通プラットフォームを整えるとともに、新たなコミュニケーション手段を活用します。

学生であれ、教員、職員であれ、組織を構成している個々の人間が果たす役割が決定的に重要なのが、大学の本質的な特徴です。したがって大学の運営・経営の最大の目的は、そうした個々の人間が持てる資質と能力を十全に発揮して生き生きと活動できる環境を整え、それによって社会が活用できる知の水準を高めていくことにあります。東京大学がこうした知の公共的な役割を高め、日本の社会と世界の人類のために貢献していく戦略となるのが、このたびの『行動シナリオ』です。

【「行動ビジョン」の作成プロセス】

この「行動ビジョン」で述べている考え方をまとめるにあたっては、まず、「行動シナリオ・プロデュース会議」を設け、主査である佐藤愼一理事・副学長の下に、松本洋一郎理事・副学長、そして、五神真、齋藤希史、佐藤健二、武田洋幸、長谷部恭男、藤井輝夫、吉見俊哉の各教授が集まり、ドラフトを作成しました。それをもとに私が素案を書き、さらに研究科長、研究所長、また経営協議会委員、教職員など学内外の多くの人々と議論をして、とりまとめを行いました。なお、「行動シナリオ」の愛称である"FOREST2015"は、この「森を動かす」試みを、私の任期の最終年である二〇一五年三月を目標にして進めていく、という趣旨を表しています。"FOREST"は、Frontline, Openness, Responsibility, Excellence, Sustainability, Toughness の各頭文字をとったもので、鈴木敏之副理事のアイデアです。「行動シナリオ」全文については、http://www.u-tokyo.ac.jp/scenario/ を参照下さい。

『行動シナリオ』を語る

『淡青』二四号（二〇一〇年九月）
聞き手―武田洋幸理学系研究科教授・本郷恵子史料編纂所教授

――この三月末、「東京大学の行動シナリオ FOREST2015」（以下、行動シナリオ）が公表されました。まずは、行動シナリオ完成についての所感を、さらには発表後の反応などについても、お聞かせいただけますか？

この行動シナリオを作ることによって、任期中に東大を運営していく際のベースとなる考え方が整理できたと思っています。行動シナリオを作り始める前に、私は「策定のプロセスを大切にしよう」と考えていました。六年前の国立大学法人化によって東大が目指したもの、そこから生じた様々な課題をじっくり考えながら、皆で共通の意思形成をして、これからの東大を形作っていこうと思っていたんです。行動シナリオが完成した今、そのことがうまくいったと感じています。特に、『行動ビジョン』については部局長の皆さんも丁寧に見てくれて、たくさんの意見をいただきました。その意見に基づいて、かなり修正も加えました。そのようなプロセスが働いたことは、行動ビジョンを理解してもらううえで良いことだったと思いますし、「自分たちが作った」という気持ちを持ってもらえたと思います。その行動ビジョンをもとに、本部で『重点テーマ別行動シナリオ』を作成し、各部局には『部局別行動シナリオ』を考えてもらいました。「これから東大が全体としてどう動いていくか」を明確に示す構造が作れたことは良かったと感じています。

——発表後の反応のほうは?

概ね、好意的な反応が多いですね。僕の前だからかな?（笑）策定段階で経営協議会（外部委員を含めた、東大の経営に関する重要事項の審議機関）にもずいぶんご意見をうかがいました。特に国際化に関してはいろいろとご指摘をいただいたので、シナリオの内容にしっかりと盛り込んでいきました。皆さんのご意見を随所で取り入れて出来上がったものですので、なかなか文句をつけにくいということもあるかもしれません（笑）。

「知の公共性と国際性」を正面から掲げる決意

——総論とも言える『行動ビジョン』の中で、最初に「知の公共性と国際性」が謳われていますね。

総長は「世界レベルの知の公共性」というものをどのようにとらえていらっしゃいますか？

知識が公共性を持つ。つまり、直接的に、あるいは間接的に、また、短期的に、あるいは長期的に、知識が社会の役に立っていくのは当たり前のことだと思うのです。ただ、東京大学としてはそれを改めて意識化していく必要があると、私は考えています。そう考えるに至った背景のひとつには、一昨年のリーマン・ショックがありました。あの時に、「経済学はこの危機を救えないのか。経済学とは一体、誰のためにあるのか」という論調がありましたね。そういう時代背景があったということもありますし、私自身、表現の自由という公共的な側面を持つ自由に関わる研究をやってきた人間としての思いもあって、「知の公共性」という言葉を最初に掲げたんです。さらに、現代では国内のみで完結する公共性はありえません。あらゆる事柄が一国のみならず、様々な国と密接に関係しています。知識に関しては特にそうですね。私たちが関わる知識、生み出す成果は、相当の部分が国際的に流通することで知識として存在感を持ちます。知識というものは公共性を持つのが当たり前であると同時に、国際性を持つのも当たり前であるということ。そんな「知の公共性と国際性」を東京大学のメッセージとして、正面から掲げたことは、今の時代に重要な意味があると思っています。

——経営協議会からも国際性への言及があったと聞いています。学外の方々が望む「東大の国際性」

とはどのようなものなのでしょうか？

特に、学生の国際化ですね。「東大生をもっと海外に送り出していかなければ」という強いご意見がありました。これは、本当にそのとおりだと思います。留学生の受け入れも大きなテーマですが、それと同時に、「いかにして、海外体験を東大生に積ませるか」ということが大切な時期ですね。

――「国際性」には、行動ビジョンの四つめのテーマである「タフな東大生の育成」も密接に関わってきますね。

「タフな東大生の育成」という観点から考えると、大学を国際化することは東大生のタフさを養うための効果的な方法のひとつだと言えるのではないかと思います。人間のタフさというものは、環境の多様性と密接に関係しています。自分とは異なる価値観や考え方とぶつかる経験によって、人は鍛えられていくのだと思います。その意味で、国際化は東大生のタフさを培うための手っ取り早い方法です。多様な経験をするためには日本にいるだけではなかなかチャンスが巡ってこない。だから、学生をどんどん海外に送り出す仕組みを作る。そういうふうに、大学の国際化の意義のひとつを考えています。私自身の人生を振り返ってみても、様々な人とぶつかって「さあ、どうしよう」と追いつめられる経験は、とても良い成長の機会だったと思いますね。自分でも予想外の行動をとることもあれば、相手からインスピレーションを受けることもある。そういう経験が自分をタフにしてくれる。学生には、もっと、そういう機会に自分を晒してほしいと願っています。

――それが、総長の入学式式辞にあった「国境なき東大生」につながっていくわけですね。

そうですね。あの時に挙げた「国境」はシンボリックで、必ずしも国の国境だけではなく、様々な場面で存在している異質なものとのバリアを意味しています。そのバリアを越えていくということですね。私は就任一年目に「タフな東大生」という言葉をメッセージとして述べたわけですが、今年はそれをブレークダウンして、より具体的な東大生像を表す言葉を発信しておいたほうが良いなと思い、「国境なき東大生」という言葉を使ったんです。

キャンパスの多様性がタフな東大生を育てる

――「タフな東大生」のタフさは、単に強いことだけでなく、弱者への思いやりや倫理観などの要素も含む「多様なタフさ」なのだと受け取りました。

私たちが研究者として学問的な言葉を用いる場合は厳密な概念定義をしなければなりませんが、それとは別に、社会的なメッセージとして言葉を発する場合があります。発した瞬間から、いろいろな人が寄ってたかって解釈をして、だんだん中身が固まってくる言葉。「タフな東大生」はそんな言葉だと思います。このメッセージを発信した後に、いろいろな意見が寄せられました。「どうしてもタフにはなれない東大生はどうすればいいんだ」、「すでにタフな東大生はどうすればいいんだ」(笑)。そんなふうに人それぞれ、受け取り方にずいぶん幅があるわけですから、「タフな東大生」という言葉にはある程度、多様な解釈を含み込むようにしておくのがいいと思うのです。最近では、この「タフ」を英訳する際に、「タフネス(toughness)」ではなく「レジリエンス(resilience)」という言葉を使うようにしています。何かを跳ね返したり突破したりするだけのハードなタフさではなく、環境を自分の中に柔軟に取り込みながら力を発揮していけるしなやかなタフさですね。

――国際化を梃子《てこ》にしてタフな東大生を育成するとなれば、キャンパスのグローバル化は欠かせませんね。

キャンパスのグローバル化に関する方策として、主だった業務については英語化、バイリンガル化を進めていきます。ただ、英語というのはコミュニケーションをスムーズにするためのツールなので、それ自体が最終目標ではない。また、グローバル化の中では、多言語、多文化という視点も大切です。大きな価値があるのは、国際化することによってキャンパスが「多様化」することですね。集まってきた多様な人々が、お互いに刺激し合ったりぶつかりあったりしなければ新しい価値は生み出せないと思うんです。留学生と日本人学生の接点をもっと増やしていったり、キャンパス内でたとえば「アフリカ月間」とか「アジア月間」といったイベントを行ったりして、人々の交流を促す工夫をしたいですね。キャンパスの潜在的な多様性を表面に浮かび上がらせて、学生や教職員がそれに日常的に接することができるようにするのが、国際化の大切な部分だと感じています。

——国際化に関しては、教養課程二年間の進学振り分けの問題、それから、学年暦の問題がネックになってきます。

たしかにそのとおりです。東大では、学部前期課程（一、二年）の終わりに、後期課程（三、四年）で学ぶ学部・学科を決めるための「進学振り分け」を行っています。成績によって進める学部・学科が決まってくるので、一、二年生はとにかく授業科目の学習に追われます。そのため、海外留学などに時間を割く余裕がないのが現状です。この問題は、「進学振り分け」のあり方そのものの再検討とあわせて、よりよい形を考えたいと思っています。学年暦もとても難しい問題です。日本の大学は四月入学、欧米などの大学は九月入学。ですから、日本人学生の海外留学も留学生の受け入れも、非常にやりにくいです。この問題には、小・中・高校から続く学年暦が関係してきますので、解決するのは大変です。日本の教育全体で考える必要があります。思いきって、大学だけ九月入学にして、三月に高校を卒業したら大学入学までの半年間、何か特別なことをやるという仕組みを考えても良いかもしれません。すぐには変えられなくても、しっかり議論ははじめたいと考えています。

――タフな東大生を育成していくということを社会の側から見れば、「高等教育が有為な人材を育成し、社会に送り出していく」ということですね。

東大に限らず高等教育全般として、幅広い教養と深い専門性を兼ね備えた人材を社会に送り出していくことがその役目です。現代は環境の変化が激しいので、必要とされる知識もどんどん変化していきます。ですから、学生のうちに多様性に触れて「知識の引き出し」をたくさん持っておかないと、社会に出ていってから苦労すると思います。もうひとつ大切なのは、「知識を現実のものにしていく作業は、常に人との関わりの中で行っていくものだ」ということを学生に学んでもらうこと。人と一緒に何かを生み出せる力を持つ人材が社会から望まれているのだと思います。

――総長がそう思われるということは、現在の高等教育はそのような面での問題があるということでしょうか？

そうですね。そういう面であと一息だと思います。東大の場合は、知識を教えるということでは高いレベルにありますが、そのような「知識を現実化する。知識を生み出す」という力をつける工夫をさらに行える余地があると感じています。

「知の共創」における知識人の役割とは？

――行動ビジョンには印象的な言葉がいくつかありますが、「知の共創」もそのひとつですね。社会連携に関して具体的な「思い」をお聞かせください。

東京大学は、社会連携と呼べる活動をすでにたくさんやっています。教員の活動だけを見ても、講演会で一方的にレクチャーするというだけでなく、いろいろな集まりで企業や市民の皆さんと議論する機会は非常に多くあります。産学連携的な意味合いでは、やはり理系の活動が目につきますが、文系もいろいろとやっている。近頃の東大の教授は皆、そんなに権威的ではなくて、学外の人たちとの議論からもしっかり学んでいますから、「知の共創」はすでに動いていると思います。だから、今、社会連携に関して大事なことは、そういう活動をもっとビジブルにすること、社会に対して「見える化」していくことだと思います。それから、私はメディアに関する法が専門なので、メディアの皆さんと話す機会が多いんですが、昨今のメディア批判の状況について、「自分たちが伝えることがすべて正しいのだという調子で報道していたのでは、受け手からの反発を招くばかりなので、そういう考え方は改めなければいけない」とよく話しています。ただ、同時に、メディアが持っている専門性というものは忘れてはいけない。情報を社会に伝えるための様々な能力やスキルは大切にすべきだと思います。同じことは私たち、学術の世界に関しても言えることなんですね。社会で人々と「知の共創」をしていくうえで、謙虚さを忘れないと同時に、知識人の役割というものがあると思うのです。たとえば、人々が新たな知識を生み出そうとしている時、専門的な知識を持っている者だからこそ、それを具体的な形にしたり他の知識と結び付けたりといったことができるはずです。「知の共創」の現場における、プロフェッショナルとしての知識人の役割はとても大きいと思うんですね。

――そのような「知の共創」を見える化していくためには、大学の広報としても何か工夫が必要になってくるということですね。

そうですね。現在行われている社会連携の活動を、もっと学外に見せる工夫をしていくこと。次に、科学・技術をより分かりやすく身近なものとして伝えていくこと。サイエンス・コミュニケーションですね。それから、まだあまり言われていないのですが、「学術の世界からの発信を受け止める力を、受け手となる人々の間で醸成していく」ということが大切なのではないかと思っています。メディアの世界における「メディア・リテラシー」と同様のものが、学術からの発信の場においても必要だということです。現代は慌ただしい時代だし、社会の変化も速くなっていますから、昔と比べると、私たちの生活の中で、「大学の先生が書いた本をじっくり読んでみよう」とか「自分の知らないことを本格的に勉強してみよう」といった動機が起こりにくくなっているような気がします。そういう知的欲求を持つ人々を社会の中に増やしていくことが大切ですね。いわば、「アカデミア・リテラシー」です。そうした能力を持った人々の存在こそが、日本の国力の基盤ともなります。学術の成果を真剣に理解し、受け止めようという「受け手の運動」が、一種の市民運動のような形で盛り上がってくることを期待しています。そういった運動のサポートをしていくことも、大学の社会連携活動として大切な仕事なのではないかと考えています。

今こそ、学術の出番。大学の役割を発揮すべき時代

——学術と社会との関係ということで考えますと、昨年秋以降、「事業仕分け」の問題が大学運営に大きく影響を与えていますね。大学を含む学術界も大きな変革の時を迎えていると言えるのかもしれません。学術の今日的なあり方に関して、総長はどのようにお考えですか？

昨年からの事業仕分けの問題によって、学術のあり方そのものが変化しなければならないとは考えていません。事業仕分けの問題というのは、「私たちが世の中に、学術のことや大学のことを十分に説明してこなかった」ということであると同時に、その裏返しで、「社会は知識の価値を十分に理解していなかった」ということでもあるのだと思っています。現代はそのような時代なんだということを私たちに気づかせてくれたという点で、大きな意味がありますね。大学は、教育・研究という仕事に全力を注ぎ、世界各国と激しい知の競争をしている。そして、大学が生み出す知は社会の活力になっている。私たちはそのことを実感として感じていますし、明治以来、日本という国はそれを前提として発展してきたのだと思うのです。それはいわば、疑いのない公理のようなものであって、私たち大学人、あるいは知識人は、その公理に乗っかって仕事を続けてきたという経緯があります。ところが、現代は様々な意味で「公理」と呼べるものを疑問視していく時代なんですね。たとえば、官僚の権威、メディアの権威、そして天皇制でさえ、最近はかなりフランクに議論されるようになってきていると感じます。これは、あらゆる組織の情報公開を進めるという時代の流れにも関係していると思います。私はメディアの世界の人たちに対して、「既成の権威が疑われ始めている。メディアも例外ではない」とよく言うのですが、大学も「既成の権威」に含まれることをうっかり忘れていた（笑）。当たり前だと思ってきたことが一旦、すべて疑われる。あるいは公開や説明を求められる。そういう時代になってきているので、大学だけがその外にいるわけにはいかないということなんですね。

――「開かれた大学」であることを社会から求められている？

そうなんです。でも、そういう時代だからといって、学術のあり方そのものを変えなければならないとは思っていません。短期的な成果と長期的な視野を組み合わせながら研究をしていく、過去の知的遺産を次代に引き継いでいく、次代を支える知的にも精神的にもたくましい人材を育てていく、といった仕事は、基本的に変わらないと考えています。ですから、仕分けの問題に対して揺れることなく、確実に歩んでいくべきだと思いますね。これは、単に「理解されなかったけれど自信を失うな」という消極的な意味ではなくて、逆に、「既成の権威が疑われる時代だからこそ、今、『知識』の出番なのだ」ということです。そもそも、私たちが日々磨きをかけてきた知識というものは、「あらゆるものを疑いながら、よりよい在るべきものを求める」という行為の積み重ねの上に成立しています。既成のものにとらわれず、よりよいものを見つけていく、生み出していくのは、大学のお家芸とも言えるわけですね。今こそ、知識の役割、学術の役割、大学の役割を、積極的に発揮すべき時代だと思います。

「スマートな東京大学」をめざして

――そろそろ、インタビュー時間も残り少なくなってきました。今後、東京大学は行動シナリオに沿って着実に前進していくわけですが、濱田総長の任期が満了する年、つまり二〇一五年の「東京大学の姿」は現在と比べてどのように変化していてほしいとお考えでしょうか?

どういうふうに言えばいいのかな。一言で言うならば、「スマートな東京大学になっていてほしい」と思いますね。「スマート」というのは、学術的な意味での卓越性やレジリエントな学生といったことだけでなく、組織として合理的な運営が完成されているということ。現在の東大には、重荷を引きずりながら必死で走り続けているという感覚がありますから。

――そうですね。鉄の下駄を履いて一〇〇メートル走をしているような感覚ですね(笑)。

まさにそんな感じです(笑)。重荷となっているのは、たとえば、教員の「時間の劣化」。教育・研究以外の仕事が多くなり過ぎて、学術的成果をあげるための時間が減ってしまっていることを何とか改善しなければなりません。それから、研究費の使用の柔軟性や人員のやりくりなどでの制度的な限界。大きな組織なので組織運営における重複や複雑化の問題もあります。業務の選択と集中をさらにすすめることも考えていかねばなりません。さらには、そもそも最近の大学予算の削減という問題もありますからね。そんな感じで、実にいろいろな部分に重荷がぶら下がっているわけです。それらの重荷をすべて取り払った時に、初めて、東大は全力でスマートに走れるようになると思います。

――特に「お金の使い方」など制度的な限界がある問題は個々の教員の努力だけではとても重荷を取り外すことができません。総長にリーダーシップをとっていただくことで良い方向に向かうのではないかと思います。

たしかにそうですね。制度の改善については、国への働きかけも含めてしっかり取り組んでいこうと思います。それから、もうひとつ。「大学の自治から生じる負担」というものもありますね。たとえば、懲戒処分の仕組み。教員が調査委員会を作って手間暇かけて調査していく現在のシステムを簡略化できないものかと思いますが、あれは大学自治という観点からは、やはり自律的かつ厳格に行っていくことが大切なので、そう簡単には廃止できないシステムです。そのあたりの合理化をどう考えていくか。「大学自治」と「スマートさ」をいかに結びつけるかということは、かなり本質的な課題かもしれません。

――「東大は最近、スマートになった。走るスピードが上がり続けている」という声が学外から上がるくらいまでにしたいですね。

そうですね。スマートになって、本当に東大全体が全力疾走できるようにすることが、最大の社会貢献となります。今回の行動シナリオは、そのための具体的指針と考えていただければと思います。

コラム

関西弁の東大総長

東京大学の総長になって、インタビューを受ける機会がずいぶん増えた。ふるさとに関する質問も多い。私の郷里は兵庫県の明石である。そう言うと、最近はかなりの確率で、「ああ、明石焼の……」と返事が返ってくる。「えっ?」と一瞬思う。その人はきっと、まるくて黄色のふわっとした、例の食べ物を想像しているのだろう。しかし、私の記憶では、「明石焼」というと、いまは数少なくなったが、明石の窯で焼いている皿や碗を思い出す。全国ブランドになった食べ物の方は、ふつう、「玉子焼」と呼んでいる。

それはさておき、インタビューの質問の中に、「関西弁を話す東大総長っていうのは、初めてですか」というのがあった。言外に、関西弁と「東京」大学は、何かミス・マッチというふうでもある。考えてみると、いま三四郎池の脇に大きな銅像のある明治期の濱尾新総長は、たしか兵庫但馬の出身のはずである。私の前任の小宮山総長は東京っ子だったけれども、その前の佐々木総長は秋田出身だから、日頃は秋田弁をしゃべっていらしたかもしれないし、と思う。ただ、最近の総長の出身地を見ると、たしかに東京周辺が多いようではある。

私も通常の仕事は、「標準語」でやっている。しかし、自分の正直な気持ちを言葉で表現しようとすると、どうしても関西弁が使いたくなる。「そうだね」より「ほんまやなあ」、「何とかなるのではないか」より「何とかなるんちゃうか」、「だめだ」というより「あかんなあ」、というふうに。仕事のミスで私から咎《とが》められるスタッフも、「あかんなあ」と言われる方が打撃が少ないと思うし、私も「あかんなあ」と言う方が気持ちがすっきりする。「だめだ」と言っただけでは、何か心の晴れないものが残る。

文学部の国語学の教授である尾上圭介先生が、『大阪ことば学』という、楽しい本を書いていらっしゃる。同じ関西人としては、読みながら、最初から最後までうなずき通しである。その中で、いわば総論として、「一般に方言というものは、（中略）その地域の人々の対人接触の様式、自己表現の様式、思考様式、行動様式の現れとして理解することが必要であろう」ということを書かれている。みんな一緒に何かやろうか、ちょっと元気を出そうか、リスク覚悟で頑張ってみるか、といった行動をしようとする時は、どうも関西弁の方が向いているなあという気がする。

そう言えば、もう四半世紀も前、ドイツのミュンヘンで一年間過したことがあるが、ここでも「バイエルン方言」というのがあった。たとえば、「行こうか?」にあたる「ゲーエン・ヴィア?」を「ゲーマー?」と言う。関西弁の「行こか?」に似ているなあという感じがしてならない。ただ、関西弁で論理的な文章を端的にまとめるのは難しいかなと思う。関西弁には幅、含み、柔軟さ、思い切りがあって、議論をすすめていくプロセスのコミュニケーションではとても便利だが、最後の文章的な詰めは、やはり「標準語」の方が適している。

少し関西弁に肩入れし過ぎたかもしれない。大事なところは、尾上先生が指摘なさっていた、言葉の背後にあるものである。私は、東京大学にもっと「多様性」が必要だ、学生は「多様性」に揉まれてほしいと、繰り返し言っている。その意味で、東京大学には、もっともっと、日本の各地から、そして世界中から、さまざまな言葉を話す人たちに来てもらいたい、そして、言葉それぞれの背後にある多様な、ものの感じ方、人との付き合い方、行動の仕方を、おもいきりぶつけ合ってほしいと思う。そうなると、関西弁の東大総長も、さらに仕事をしやすくなるかな……。

Ⅱ

世界を担う知の拠点

東京大学は、日本を代表する国立大学として、その教育研究を通じて、日本の社会に貢献すると同時に、世界を担っていく、それによって人類の福利のために貢献する、という公共的な役割を持っています。教育研究の水準で世界と全力で競争し、トップを目指し続けるのも、そのような責任を果たしていくためにほかなりません。

この章には、こうした考え方に触れた新聞紙上での論説記事やインタビュー記事をまとめて収めました。必ずしも「世界を担う知の拠点」というテーマに限定されたものではありませんが、前章とあわせて、私の基本的な考え方を、掲載記事というスタイルを通じてわかりやすく理解いただけるものと思います。

世界を担う知の拠点に

二〇〇九年六月八日
日本経済新聞朝刊

四月に東京大学総長に就任し、今後六年間の大学運営の責任を担うことになった。国立大学法人化以降、激しい変革の流れの中にある東大は、法人化に伴う学内体制整備と多様なチャレンジを経て、新たな改革の局面を迎えようとしている。

私はこれを、「木を動かす」段階から「森を動かす」段階に入ったと形容している。法人化という土壌に新しい試みの木を部分的に植え込む段階を越えて、今後は、組織としての基盤と構造を全面的に強化するという意味で、森全体を動かしていく必要がある。法人化後の仕組みやその可能性を存分に活用し、東大の底力を最大限に引き出し、持続可能なものとする課題が、任期中の取り組みのバックボーンとなる。

このような認識で私は、「森を動かす。世界を担う知の拠点へ」と題する所信を発表した。「世界を担う知の拠点」とは、世界最高水準の研究を維持・向上させるという従来の目標のさらなる展開である。国民に支えられる大学として、東大は、日本そして世界へ貢献することを通じ、日本に対する信頼と敬意を高める役割を担わなければならない。また、教育によって、卒業生が至る所で人類の未来を支えていく公共的な役割を果たさなければならない。

教育では、「タフな東大生」をいかに育成するかという観点から、さらなる改革を進めたい。

現実の東大生は決してひ弱ではなく、国際交流やボランティアなど多方面で刮目《かつもく》すべき活動をする学生は珍しくない。しかし、グローバル化が進み、社会の先行きはますます不透明さを増している。知力だけでなく、たくましいコミュニケーション力や行動力を備えた人材育成のため、一層力を入れる必要がある。商業的ランキングなどでは評価され難い、こうした課題にこそ、正面から取り組みたい。

「タフな東大生」づくりに大切なのは、構成員の多様性である。留学生の受け入れをさらに拡大し、日本人学生の国際経験を豊かにすることも大胆に進めなければならない。男女共同参画の加速も不可欠だ。家庭の所得階層など入学者の属性の偏りも指摘される。公正さが厳に求められる入試の見直しは慎重さを要するが、多様な学生の受け入れのあり方は重要な検討課題と認識している。

所信の中で、「旗艦大学の自負と広範な連携」を掲げた。東大は、「世界を担う知の拠点」であり、日本の知の水準を高めていく重要な責務を負う。旗艦大学には、そうした覚悟を明確にし、構成員の自覚と行動を促す思いを込めた。私が国立大学協会長に選ばれたことも、そうした東大の役割への期待と受け止めている。

旗艦大学には、日本の大学全体の発展を牽引する役割もある。将来を見通しにくい今日のような時代にこそ、大学が未来への確かな指針を示すことが求められる。日本社会が高い生活水準を享受し、また国際社会で重要な地位を占めてきたのは、明治以来知識を大切にしてきた結果だが、現在の日本社会は「知」のそうした価値を忘れかけてはいないか。東大は、そうした根本にかかわる問題提起や情報発信をしていきたい。ことは、未来の国力にかかわる。

大学の眼前の課題は、公的投資の問題である。経済危機対策の補正予算では相当の目配りがされたが、中長期的な大学の振興策は視界不良であり、恒常的投資はむしろ削減の恐れさえある。国立八六大学の収入の中心である運営費交付金は、過去五年間で、小規模国立大学二〇校余りが消滅するに等しい規模(約七二〇億円)が削減された。

東大でも、人件費削減は限界に達しつつある。教員に対する支援職員の比率は、海外有力大学の半分程度。海外のトップレベルの研究者獲得にも支障をきたし、熾烈になる大学間の国際競争のなかで、自助努力だけでは国際社会でのプレゼンスの維持さえ困難となろう。国公私立を超えて大学関係者が連携し、先進諸国並みの投資を求めていく必要がある。

グローバル競争を生き抜く人材を育成し、技術開発力を担保する学術研究を続けていくために、さらには、「文明国家の証し」という意味でも、未来への先行投資として、少なくとも目標経済成長率と同等以上の規模の拡充が必要である。

消費税収の使途など、政府の財政問題をめぐっては、高齢者向けの社会保障に比重を置いた議論がされがちだが、「安心社会」の実現のためには、それだけではあまりに狭すぎる。大学は、若者から高齢者まで、幅広い国民にとっての知的文化的生活のインフラである。特に若年層にとって、教育の機会均等の揺らぎは、死活問題となる。

東大の研究者の調査では、年間所得が一〇〇〇万円超と四〇〇万円以下の家庭では、大学進学率に二倍もの格差が生じる。東大は、年収四〇〇万円以下の家庭に授業料を免除しているが、大学は、若者を社会に送り出す学校体系の頂点にある教育機関として、若者や子育て家庭の声を代弁する責務がある。若者が安心できない社会に未来はない。高水準にある教育費負担の軽減策も含め、若者や子育て世帯の厚生のための公的資源の配分を強く訴えたい。

政府では、人口減少期を迎え、大学全体の規模を問い直す議論もある。日本の大学教育の質を国内外で保証するシステム強化も求められている。質保証に対する適正な評価、質を担保するための確実な投資を進めていく一方、質向上の努力や国民への情報公開を怠る大学は市場で退場を迫られることになろう。

社会に投資を求めるのなら、大学界は、大学教育の質とは何かについて、主体的な議論と情報発信を行わなければならない。自律性を備えた教育機関として、その地位に値する見識を示せるか、大学自身が問われている。

コラム

東京スカイツリー

私のオフィスの、東に面した大きなガラス窓を通して、建設中の東京スカイツリーが見える。ある日、二つの少し高いビルの間からひょこっと、新しい建物が突き出てきたのに気がついた。それがスカイツリーの立ち上がりだった。一昨年の夏頃だったように思う。それから、ぐんぐん背を伸ばしてきた。

映画『ALWAYS 三丁目の夕日』を見た方は、町内の悲喜こもごもの出来ごとの節目節目に、建設中の東京タワーが高さを増しながら空に映えているシーンを、印象深く記憶しておられるだろう。それと同じように、やがて後に多くの人が、東京スカイツリーが次第に建ちあがっていった時代のことを、それぞれの思いで振り返ることと思う。きっと、私も、総長として仕事をしていた時期のことを、建設中のスカイツリーの光景と重ね合わせながら、懐かしく感じるときが来るのだろう。『三丁目の夕日』と同じように、喜びもしんどかった思い出も、一緒になって。

オフィスのある建物は、本郷台地の東端にあって視界が開けているので、ちょうど私のパソコンのモニターごしに、塔の次第に高くなっていく様子がよく分かる。それでも、スカイツリーが建てられている場所からは、隅田川を隔てて四キロ以上も離れている。隅田川の花火さえ小さくしか見えない位置である。その距離からでも、力強さがぐんと伝わってくるのはやはりすごい。大学構内で、同じ東側方向の手前には、附属病院の高い建物があって、その入院棟からもスカイツリーが大きく見える。そのすくっと立ちあがっているたくましい姿に、患者さんたちもきっと励まされることだろう。

励まされるのは、患者さんたちばかりではない。スカイツリーの高さは六三四メートル、電波塔としては「世界一」という。「世界一」と聞くと、学術の世界でも激しい国際競争を行っている研究者魂をくすぐられる気がするのは、私だけだろうか。世界の中で厳しい状況を迎えている日本である。東京スカイツリーには、デジタル放送の電波と同時に、日本の未来を勇気づける力強いメッセージも、見る人の心に送り続けてほしいと思う。半世紀前に出来た東京タワーもそうだったはずだ。

中核担う責任と誇り

二〇〇九年五月二五日

朝日新聞朝刊「学長力」インタビュー／聞き手――杉本潔記者

――これまでの総長と、どのような違いを打ち出しますか。

総長は時代のタイミングに合った戦略をとる必要がある。佐々木毅・元総長は法人化の制度基盤を整備し、小宮山宏・前総長は法人化のメリットを生かして可能性にチャレンジしようと高い目標を立てた。今は、その高いところに向けて、現状の全体的な底上げを丁寧に行っていくタイミングだ。それで底力がさらに高まる。一年後をめどに任期中の行動シナリオをまとめます。

――東大は「世界の知の頂点」を目指していますが、英タイムズ紙別冊高等教育版などの大学ランキングでは十数位にとどまっています。

評価にはさまざまな切り口があり、総合化したランキングというものには疑問がある。外国人教員比率や留学生比率など、アジアにある日本の大学に、英米の大学と同じ水準を形式的に求めるのが良いとは思わない。重要なのは実質的な力だ。研究力の評価も英語論文が中心なので、人文・社会科学系の力が十分反映されていない。

――一方で、日本国内でも東大ではなく、米ハーバード大など、直接、海外の一流大学を目指す高校生が増えています。

東大は、世界の一流大学と遜色のない水準の教育を提供すると同時に、日本の大学でしかできない教育もしている。気にはとめるべきだが、むしろ将来のキャリア形成のために選択の幅が広がったと考えた方がいい。

――国が進める「留学生三〇万人計画」も見据えて、国際化を強化するそうですが。

日本が持っている高い水準の知識を発信するために、留学生や研究者の受け入れを増やしたい。多様な人や能力が加わることで、新しい知識が生み出される可能性も高まる。そのために大学院だけでなく、学部レベルでも英語による授業を増やしたい。同時に、留学生には、やはり日本の社会と日本語も必ず学んでもらいたい。

——東大に入る学生の家庭は高収入と指摘されています。入試改革は考えていますか。

そういう傾向は確かにある。今の入試の仕組みは非常に公正だと思うが、多様な層にわたってすばらしい人をすべて拾えているのかという問題はある。入試の改革には時間がかかるが、検討は始めようと思っています。

——東大を、日本の「旗艦大学」と位置づけました。

日本の大学の教育研究の中核をなしていることを改めて意識して、その責任と誇りを担おうということです。

——他大学からの「東大一人勝ち」という声にも配慮するということですか。

旗艦が一隻だけでは成り立たないように、自分だけうまくいけばとは考えない。他の大学と連携していく機会を増やしたい。ただ、研究者として競争的資金を獲得する努力を緩めるようなことはしない。むしろ、他大学の研究者をもっと仲間に引き込みたい。さらに日本の高等教育への公財政支出が先進国平均の半分以下にとどまっている現状について、僕が会長を務めている国立大学協会を通じるなどして、一緒に声をあげていきたい。

——国立大学の法人化から五年がすぎました。どのように評価していますか。

各大学が効率化や合理化を進めたり、個性を出すようになったりして、いい薬ではあったと思う。しかし、運営費交付金が毎年一%ずつ削られてきたために、今は薬が効きすぎてフラフラになっている状態。東大ですらもう限界だ。日本の高等教育をどうすべきなのか、財政的発想だけでなく、国民的な議論が必要です。

——三月に公表された文部科学省の国立大学評価委員会の評価に、多くの大学から不満が出ています。結果は運営費交付金の配分にも反映されますが。

大学のランキングと同じで、完璧な評価というのはできません。今回の評価も尺度の取り方とか、評価方法とかに課題があるのは確かで、議論しながらさらに改善をしていけばよい。結果が運営費交付金の配分に一定程度反映されるのは当然だが、評価に大きな限界があることを考慮した反映の仕方となるべきだろう。

――中央教育審議会の特別委員会が入学者の質を確保するため、法科大学院の定員削減を提言しました。東大も来年度から定員を二割減らしますね。

東大の場合、担当の先生の負担が非常に重く、このままでは教育の質が保てないという危機感から、カリキュラムの改訂などとあわせて減員を決めた。法曹人口は増やさなければいけないが、法曹は人々の生活や権利、自由にかかわっているので質は保たなければならない。そのバランスについて調整局面を迎えているのだと思う。

――国が増やしてきた博士の就職難が深刻化する中で、博士課程の定員を減らすべきだという意見も出ています。

社会の受け入れ態勢を整えるのはもちろん、応用がきく博士を育てるよう、大学の教育のあり方を考える議論も重要だ。日本に必要なのは博士が社会で活躍できる条件を作ることで、定員を減らすのはいいことではない。

世界との競争に全力

二〇一〇年四月二日
毎日新聞朝刊「論点」

国立大学法人は、この四月から第二期の中期計画期間に入った。法人化は、とくに学長レベルにおいては、おおむね肯定的に評価されている。学長のリーダーシップや教職員の前向きの取り組みによって、国立大学の活力が増したことは間違いない。同時に、現場の教員サイドからは、法人化に伴う業務量の増加による教育研究時間の圧迫について、悲鳴も聞こえてくる。

こうした悲鳴には、予算削減、定員削減の問題が背景にある。国立大学への運営費交付金は第一期中だけでも毎年一％減、第二期に移る今年度は、臨時的とはいえ、東京大学の場合は一・八％減である。国立大学の法人化は本来、予算削減とは別物である。法人化の仕組みは成功しつつあるのに、予算削減が法人化の効果を減殺している。教育や研究の本質を論じないままに、もっぱら財政緊縮の視点から予算設計が行われている結果である。高等教育や科学研究に大きな投資を行っている諸外国との対照は、際立っている。

この厳しい環境の中で、国立大学の教職員は、ぎりぎりの努力を続けている。国立大学は私立大学と比べて、大学院生の数が多く研究により重点があり、また理工系学生が多いという特色を持っている。さらに、授業料が相対的には低額に抑えられているので、所得格差が学歴格差に反映されるのを緩和する役割を担っている。とくに、最近の経済危機の家計への影響は、こうした役割を再認識させている。

東京大学では、教育・研究の両面で、世界トップ集団の大学としての水準を維持発展させていこうと、全力をあげている。基盤的経費だけでなく競争的資金についても大幅なカットが行われている中で、豊かな投資が行われている海外のトップ大学との競争は、非常に苦しい。しかし、ここで後退するわけにはいかない。

このような背景を踏まえ、東京大学では「行動シナリオ」を作成して、二〇一五年三月までの私の任期中に実行すべき重点項目を掲げている。この行動シナリオを「FOREST2015」と名付けた。

つねに日本の学術の最前線に立つ大学（Front）、多様な人々や世界に対して広く開かれた存在（Openness）、日本と世界の未来を担う責任感（Responsibility）、教育研究活動における卓越性（Excellence）、それらを持続させていく力と体制（Sustainability）、知に裏打ちされた強靱さを備えた構成員（Toughness）、という考え方の各頭文字を組み合わせて、この行動シナリオの精神を示している。

研究で世界最高水準であるべきことは当然である。また、知識のもつ公共性や社会と一緒になって知識を生み出していく姿勢も重要である。同時に、教育において、大胆な国際化を進める中で、教養教育の強化や学生のタフさの育成は重点テーマである。日本はいま世界との競争の中で厳しい局面を迎えているが、国立大学は、日本の知識基盤の国際競争力を担保する最後のよりどころでありたいと思う。

コラム

ハノイ弾丸トラベル

「東アジア四大学フォーラム」という会議のために、一泊二日でベトナムのハノイへ出かけてきた。朝、羽田を出て関西空港経由で現地時間一三時半（日本とは二時間の時差がある）にハノイ着、すぐに学長会談、学長講演フォーラム、フェアウエルの宴と続いて、翌朝一一時にハノイ発、香港経由で成田に夜帰着。この間、ハノイ滞在二二時間半の「弾丸トラベル」である。二四時間以内の現地滞在であれば、空港税が課せられないことを初めて知った。

この「東アジア四大学フォーラム」は、北京大学、ソウル大学、東京大学、ベトナム国家大学ハノイ校の集まりである。会議の通称は、各大学の頭文字をとって、BESETOHA（「ベセトハ」と読む）となっている。北京大学は、北京という都市の英語表記がBeijinであるのに対して、Peking University の名称を守っている。これは、北京という文字について、唐音での歴史的な読み方に由来していると言う。となるとPESETOHAとなりそうだが、ここは現実的に、PではなくBを採用している。

このフォーラムは、東大教養学部・総合文化研究科でベトナム現代史を専攻している古田元夫教授（私の駒場のクラス時代以来の友人である）をはじめとする、おもに駒場キャンパスの教員の努力で、すでに一二年間にわたって継続してきているものである。これまで、教養教育をはじめ大学教育の問題、東アジアの文化・文明や価値、サステイナビリティに関する諸課題などを取り上げてきた。今回も、私自身の滞在は短かったものの、四カ国の研究者同士が三日間にわたって数多くのセッションで議論を重ねており、また、学長同士が顔合わせをしてフランクに話し合い、具体的な協力関係についてトップで調整できる、この会議の意義は大きい。

昨今、東アジア各国間の協力関係の重要性が語られることが多くなってきたが、そうした関係は大学の現場ではこのようにすでに進んでいる。お互いの学問水準もどんどん接近してきており、競争的な協力関係はますます意義を高めていくだろう。東アジアは、政治的にも経済的にも大きな発展が期待されるとともに、これからさまざまなフリクションも生じ得る地域である。そうした場面で、学術という、国境を超えて真理を見つめる目で建設的な協調を続ける試みは、大きな貢献を行うはずである。

ところで、この「東アジア四大学フォーラム」のほかにも、総長が出席しなければならない海外の会議は実に多い。このところどんどん数が増えている。各国の大学長が集まる会議として、IARU（International Alliance of Research Universities：国際研究型大学連合）、APRU（The Association of Pacific Rim Universities：環太平洋大学協会）、AEARU（The Association of East Asian Research Universities：東アジア研究型大学協会）などがある。それぞれ、イアルー、アプル、アイールと読む。似たような略称のため、総長就任当時は、これらの会議を区別するのにとても苦労をした。このほかバイラテラルのものとして、日中、日独、日露、日印などの学長会議、また最近は、日本とメキシコの学長会議などの企画もあって、まだまだ増えそうな勢いである。さらには、世界経済フォーラム（いわゆる、ダボス会議）への参加といったものまである。このフォーラムでは、世界の主要大学長の会議のセッションも設けられているからである。

これらが、原則として学長自身の出席を求めているところが、なかなか辛い。学内、国内で山のように仕事がある隙間を縫って出かけざるを得ない。というわけで、今回のハノイ行きほどではないにしても、「弾丸トラベル」を繰り返すことになる。

III

知の公共性

「知の公共性」というコンセプトは、知識の役割を考えていく時の私の原点です。それは、端的に言えば、東京大学で行う教育研究は、誰か特定の個人のためのものではなくて、広く人々のために生かされていくことが本旨であるということです。

この考え方を、私は、さまざまな機会に繰り返し述べてきました。総長就任早々に行った大学院入学式での式辞も、その一つであり、本章には、このテーマにかかわる一連の式辞・告辞を収めました。私の式辞・告辞は、一つのパターンを意識して書いています。毎年スタイルを変えた式辞・告辞というのも書き手の立場からは面白いのですが、聞き手となる学生は毎年変わっていくわけですから、一定の基本情報はいつも確実に伝えていくべきだという考え方に立って、そのようにしています。

知の公共性

二〇〇九年四月一三日
平成二一年度大学院入学式式辞

東京大学の大学院に入学なさった皆さん、おめでとうございます。これから皆さんが、大学院という新しい世界で、充実した学生生活をお送りになることを、心より願っています。そして、また、皆さんがいま、こうしてここにいることを可能にして下さった、皆さんのご家族はじめご関係の皆さま方にも、心からお祝いを申し上げたいと思います。

今年の大学院の入学者は、四七六六名です。その内訳は、修士課程が二九六八名、博士課程が一三八三名、専門職学位課程が四一五名です。そのうち、男性と女性の割合は、ほぼ三対一になっています。また、入学者の中で留学生の数は五〇〇名ちょうど、つまり入学者の一割以上いらっしゃるということになります。これだけの数の皆さんが、これから東京大学の大学院で、その専門的な知識をさらに深めるべく、勉学に励まれるということになります。

大学院における教育について、東京大学は、さまざまな形で、その充実を図ってきました。昨年度も、社会的ニーズを踏まえた新しい専攻の設置、また、経済やＩＣＴ分野などでの大学院教育改革支援プログラムの実施、あるいは大学院レベルでの大学間学生交流の推進など、教育体制の充実・強化を行っています。また、博士課程大学院生に対する経済支援策を拡充し、奨学制度を着実に実施していくとともに、キャリアサポートや学生相談体制の整備なども、大学として近年とくに力を入れてきているところです。

このような教育環境を整えることによって、皆さんが持っている素晴らしい能力が、東京大学の大学院において、さらに花開くことができるように、引き続き努力を傾けていきたいと思います。

さて、時代はいま、激しい変動の時期、大きな変化の時期を迎えています。金融や産業が世界的規模で動揺する中で、人々の生活の基盤も大きく揺らいでいます。こうした不安定な状況がいつまで続くのか、誰もが明確な回答を持っているわけではありません。また、とりあえず状況が一段落したとしても、それは、必ずしもこの危機の克服ということではないように思います。本当の「克服」というのは、こうした危機が二度と起こらないような、社会の仕組みと人々の考え方を、新たに作っていくということです。つまり、この危機が克服された後の世界は、危機以前の状態に戻るというだけであってはならない、と思います。人類の知恵は、今回の危機から学び、誰もがより快適に安心して生活できる、そうした社会の姿を生み出していくことを可能とするはずです。それが出来ないのであれば、私たちの知識は何のためにあるのか、ということが問い直されなければなりません。

いまの時代は、これまで当たり前と思ってきたもの、いわば信用と信頼の体系が、がらがらと崩れている時代です。その意味で、この危機は、表層的なものではなく構造的なものです。こうした場面では、根本の部分から時代の課題にしっかりと取り組み、「未来に向けた確かな指針」を示すことが求められます。たしかに、目前の危機を回避するために応急的な対応は必要です。しかし、こうした時代だからこそ、目前のことだけに囚われるのではなく、二〇年、五〇年、一〇〇年先の、日本と世界を見据えた指針が求められるように思います。そのような新しい世界を描き、それに至る道筋を提示することができるのが、学術であり、大学です。とりわけ東京大学のような大学は、これからの「世界を担う知の拠点」としての役割を、果たしていかなければなりません。

ＩＴやグリーン・テクノロジーといった分野をはじめとする新しい技術開発、医療や生命にかかわる研究の展開、また、新しい時代を支える経済的な仕組みや制度的な枠組みづくりなど、東京大学の学術が「未来」の構想にかかわるべきことは山のようにあります。また、今回の危機で、「金融界では、すでに危機の顕在化以前に、多くの人が危ない状況だと思っていた。それでも止めることができなかった」、というような説明を聞くことがあります。そこには、人間や社会のあり方への、本質的な洞察を必要とする課題も含まれているような気がします。

そして、何より、東京大学は人材育成の場です。現在の危機からの回復のためには、ある程度の時間がかかるでしょうから、今日ここに入学式を迎えられた皆さんは、その課程を修了なさる時、おそらくは、まだ回復中の経済や社会のただ中に入り、その回復のための中核的な力としてご活躍いただかなければなりません。皆さんの力が、社会の「未来に向けた確かな指針」を生み出すのに与ることができるように、東京大学は皆さんを、しっかりと教育していきたいと考えています。

これまで、社会が数多くの課題を抱えていることに対して、東京大学は、新しい学術的な価値を創造し、また、多様な教育と研究のプログラムを構築することで応えてきました。こうした挑戦をつねに可能とする、学術的な基盤の充実と発展には、引き続き大きな力を注ぎたいと考えています。東京大学の学術のウィングというのは、現在と未来だけではなく過去にも広がっています。知の創造にとって、未来に開かれた知の可能性に対する果敢な挑戦とともに、歴史に鍛え上げられた知の蓄積に対する鋭敏な意識は、決定的な要素です。時代にもてはやされる学問だけではなく、多彩な学問分野を、時の制約を越えて確実に維持し発展させ続けることは、東京大学の誇るべき伝統であり、学術の基盤を豊かなものとし、創造性を生み出す源となります。

このような基盤の上に立って、現代のような厳しい時代に立ち向かう東京大学の役割を、私は、「知の公共性」という言葉で示しておきたいと思います。

「公共性」という用語は、とても長い歴史を背負った言葉です。人々の行動や組織の活動が、社会的な文脈の中に置かれる時、そこに「公共性」というテーマが発生することは、ある意味で当然です。同時に、この言葉は、なかなか扱いにくいものです。この言葉は、しばしば国家や権威と同じように見なされてきました。そうした意味で、個人や自由を尊ぶ人々からは、ときには消極的な評価を受けてきました。また、市場の価値や個人の自己責任が強調される時代には、「公共性」という言葉の意義が、いささか後退するように見えることもあります。

ただ、いまの時代、改めて「公共性」というテーマと、真剣に向き合うことが必要となっているように、私は感じます。これは必ずしも、昨年来の金融危機や産業の動揺が理由というわけではありません。そうした危機によって状況が加速された面はあるとしても、それ以前から、この日本社会の中で次第に顕在化しつつあった課題です。

すなわち、いまの社会では、さまざまな場面で、人々が共有できる価値が失われつつある、ということが言われます。むしろ、「格差」が広がる中で、社会の分裂ということが危惧されています。いわゆる「総中流」の意識が崩れて、経済格差の拡大していることが、すでに今世紀への変わり目の頃から議論になっていました。また、地方と都市の格差、という課題もあります。地方自治をテーマにしている、あるジャーナリストが記していた表現が、大変印象的だったのですが、彼は、放射性廃棄物処理や限界集落の問題を事例にして、地方と都市が対立構造で描かれがちな状況を、「共感が失われた共同体国家」

という言葉で示しています。また、「都市と地方は、同じ日本という国内でありながら、別の世界に住む人々と認識され始めている」のではないか、とも述べています。あるいは、あるメディア論の若い研究者は、日本の各地で海外からの労働者の移住によって、「住民の多国籍化、多文化化」の状況が起きていることを指摘し、「異なる言語・異なる文化・異なる労働環境・異なる生を生きる人々の間をつなぎ止め翻訳し調停する」ことが必要だと強調しています。

「公共性」の再構築といっても、何か論理操作によって新しいコンセプトを作れば、それでよいというものではありません。むしろ、これからの多様化する社会の中で、人々が共有できる価値を見出し、あるいは創り出し、その発見や創造のためのプロセスを動かし、そして、その価値を実現していくための手段を考えていく、ということが必要なのです。そこでは、新しい知恵が求められています。私は、その媒介をするのが、知の公共性、学術の公共性、大学の公共性であると考えています。

言うまでもなく、それは、「権威」としての公共性ということではありません。学術や大学が、ただ権威をもって一方的に未来の方向を指し示す、ということではありません。欧米的な語源での公共性、つまりパブリックとかエッフェントリッヒカイトといった言葉には、公開性というニュアンスが本来的に備わっています。つまり、社会に開かれた議論のプロセスを通じて、人々が、未来に向けてお互いに共有できる価値と仕組みを作りだしていく、ということが求められていると思うのです。

実際、いまの社会の中で、新しい形で共通の価値や認識を見つけていこう、あるいは生み出していこうとする芽は、すでにあります。ＮＰＯをはじめ、さまざまな人々のボランタリーな活動が、しばしばインターネットのような新しい通信手段も使って、空間的、あるいは時間的な制約を越えて、新しい公共性の世界を生み出しつつあることも、しばしば見られます。あるいは、もう少し制度的なことで言えば、この五月からスタートすることになる裁判員制度では、職業裁判官による、従来のある意味では権威的で専門的な司法というものを、人々により開かれた司法にしていくという意味で、公共性が権威的なものからより開放的なものに向かっていく時代の流れに、対応している印象を持ちます。

大学というものは、こうした新しい時代の公共性を生み出す、最高の装置です。大学は、新鮮な知恵と多様な価値、そして開かれた議論が支配している空間です。そしてまた、この空間は、決していわゆる「象牙の塔」として、閉ざされているわけではありません。今日の大学、とりわけ大学院は、さまざまな形の社会との連携によって、その知の生命力を高めています。これから大学院に入学しようとする皆さんにも、今日のように、その基盤から激しく問い直されている時代に、未来に向けて人々が共有すべき価値とは何なのか、人々に幸せをもたらす知識や技術とは何なのか、といったことを、大学院における学生生活の中で、折に触れて考えていただければと思います。

もちろん、こうした「公共性」という問題意識だけで、大学院での勉学が行えるわけではありません。

せっかく、学部の時代よりはさらに、一段と奥深い研究を行おうとするわけですから、皆さんには、ぜひ、学問をするということの「わくわく感」を味わっていただきたいと思います。どうすれば、そうした「わくわく感」を持つことが出来るのか。これには正直なところ、これだという明確な答えはありません。そこには、いろいろなきっかけがあるはずです。ただ、私自身の経験から一つ言えることは、「違和感」というものを大切にするとよい、そこに宝が眠っているかもしれない、ということです。要するに、あれ、何か変だ、どうしてだろう、どうなっているんだろう、という気持ちを大切にしてほしい、ということです。

私は、大学院を法学政治学研究科で過ごしましたが、その時に研究していた中心的なテーマは、「自由と制度」というものでした。それは、ドイツ語の言葉で、「インスティテューショネレ・フライハイト」、つまり「制度的自由」という言葉に出会ったことがきっかけでした。自由と制度の組み合わせというのは、直感的に違和感のあるものです。自然法思想においては、個人の自由は、人間が生まれながらに持っているものであり、その意味では社会以前から存在しているものです。他方、制度は言うまでもなく、社会が出来てからの存在であるはずです。しかし、さきほどの言葉は、自由と制度を結びつけようとするのです。それがどのようにして可能なのか、私は大変困惑しました。それは、知的緊張を高めるものでした。そして、その解決は、「制度的自由」という概念が、法律の世界の中でも解釈論と哲学論の境界に、また、法律の世界と社会的現実の世界との境界に位置して組み立てられている、と気づくことによって、はじめてある程度の合点がいきました。そこまで合点するために、私は、法律学の勉強だけでなく、国家学、社会学、そして人間学や文化学、さらには神学などの勉強も、少しばかりすることになりました。そうした幅広い勉強ができたのは、何より、最初に「違和感」を持ったからに他なりません。

ついでながら、この自由と制度の構造をつなぐ重要な鍵として、エラン・ヴィタル（生命の躍動）という概念があります。この言葉を、私は一九二〇年代のフランスの公法学者の論文から学んで、当然にその学者の創作にかかる言葉だと思い込んでいました。ところが、ほんの数ヶ月前、ある社会学の分野の先生から著書を送っていただき、それをぱらぱらとめくっていると、このエラン・ヴィタルという言葉が目に入って飛び上がりました。その言葉は、さきほどの公法学者の発明ではなく、同時代のフランスの哲学者の言葉だったのです。そして、実は、このエラン・ヴィタルというのは、少し哲学をかじった人であれば、おそらくは皆さんの中にもいらっしゃると思いますが、ああそれはベルクソンの言葉だと、すぐ気づくほど有名なものです。その点では、この話は、三〇年前の私が、まだまだ勉強が足りなかった、未熟だったというだけのことです。しかし、同時に、勉強というのは一生続くものだという、ある意味では当たり前のことに、改めてちょっとした感動を覚えたのも事実です。

さて、今日は、新しく入学なさる皆さんのご家族の方々、ご関係の方々もたくさんおいでになっています。皆さまにも一言申し上げておきたいと思います。大学院生になる皆さんは、たしかに学部の四年を修了した、しっかりとした大人です。当然ながら、「過保護」にしていただく必要はありません。完全に一人立ちしていくことが出来る皆さんたちです。ただ、大学院での勉学、研究というのは、学部での勉強以上に、強い精神力と体力を必要とするものです。また、個人の内面での、孤独な、しばしば峻烈な作業となることも少なくありません。その点で、ご家族の皆さま、ご関係の皆さまには、どうか、そうした厳しい勉学に立ち向かおうとする大学院生の皆さんに、引き続き精神的なサポートをして差し上げていただければと思います。

東京大学は、いま、このように多くの皆さんが、ともに学術の可能性にチャレンジしていく仲間として、新たにくわわって下さることを、心から嬉しく思います。皆さんに、改めて東京大学としての歓迎の気持ちをお伝えして、式辞といたします。

主観性と客観性

二〇一〇年三月二四日
平成二一年度学位記授与式告辞

このたび東京大学より博士、修士、そして専門職の学位を授与される皆さん、おめでとうございます。東京大学の教職員を代表して、心よりお祝いを申し上げます。また、皆さんが学業にいそしんできた間、しっかりと皆さんを支え、今日のこの晴れの日をともにお迎えになっていらっしゃるご家族の皆様にも、お祝いの気持ちをお伝えしたいと思います。

皆さんは、大学院に進学することによって一段と深い学問の世界に足を踏み入れました。学問の世界の大きな広がりを考えると、まだまだ出発点に近いところですが、それでも学部の時代とはまた異なった、学問研究の奥行きの深さに触れることができたのではないかと思います。そうした奥深さの一端に触れて感動したこともあれば、あるいは、さらに遠くへと広がる学問の世界を目の前にして、自分の小ささ、無力さを感じたことがあったかもしれません。

いまの時代は、学問研究をじっくりと行っていくには、いささか慌ただし過ぎる環境ともなっています。時代が大きく変化していく中で、科学研究や技術開発あるいは国立大学の運営にかかわる政府予算をめぐって、昨年来さまざまな動きがあったことは、おそらく皆さんもご承知だろうと思います。大学の立場から、社会の基盤としての学問の重要性をさまざまな形で訴えてきましたが、教育と研究は、絶え間のない着実な積み重ねを通じてこそ、初めて、その豊かな成果を社会で結実させることが可能になるのは、言うまでもないことです。たしかに今は、国の財政自体が大変な時期です。また、金融危機、経済危機の影響を受けて、国民生活もとても厳しい状況にあります。こうした時に大切なことは、これからの日本の高等教育や学術研究の目指すべき水準について具体的な目標を明確にした上で、それを実現するための仕組みや財政的な基盤をしっかりと確認していくことです。グローバルな規模での知の競争を考えると、そのための議論をもっと盛んに、もっとスピーディにすすめていかなければなりません。今日、経済危機後の新しい時代を見据えて、アメリカや中国をはじめ多くの国々が、高等教育や科学研究への投資を強めています。

これからも日本の国立大学や学問をめぐる厳しい状況はなお続くでしょう。しかし、私は、日本の学問の将来を決して悲観してはいません。というのは、学問というものは、いつの時代においても国や社会を支える究極の力であり、一人ひとりの個人を意味ある存在とする本質的な力であるからです。学問が衰える時は、国も個人も衰えていきます。近代の歴史において、知識を基盤として発展してきた日本という国が、自らを衰微させる選択をするはずはないと、私は確信しています。

高等教育や学問研究を取り巻くこうした環境の中で、大学院という、より高いレベルの学問の世界を経験してきた皆さんにも、自分が行っている、あるいは行ってきた学問の社会的意味ということを、ぜひ考えてもらいたいと願っています。なぜ国が、皆さんの教育や研究に多くのお金を投じているのか、そして、皆さんの学問が人びとの幸せや社会の未来にとってどのような意味を持っているのか、じっくりと考える機会を持ってほしいと思います。

そして、それと同時に、皆さん自身にとって学問とは何なのか、どのような意味を持っているのか、そのことも改めてしっかりと見つめなおしてみることが大切です。学問の社会的意味については、たくさんの人が考えますが、学問が自分にとって持つ意味というのは、自分自身で考えるしかありません。ドイツ文学でよく知られた、ゲーテの『ファウスト』という戯曲があります。ここでは、かつて文学部でドイツ文学を講じていらした柴田翔先生の翻訳を使わせていただきたいと思いますが、その戯曲の主人公であるファウスト博士は、膨大な本や実験装置を用いて、「世界をそのいちばん奥深いところで束ねているもの」「すべてを創る力と種子」を探し求めました。しかし、どうしてもそこに到達しえない絶望の中で、生きることの喜びの究極を求めて、悪魔に魂を売り渡す契約を結びます。そして、人間に可能なあらゆるものを味わい尽くそうとするのですが、そのきっかけは、いま触れたように、学問によってなしうることの限界を感じたところにありました。「すべての理論は灰色だ。そして生の黄金の樹こそが緑なのだ」と語る、悪魔メフィストーフェレスの言葉は、それを象徴しています。

ただ、そのようなファウスト博士の苦しみは、学問に携わろうとする者が用いることのできる知識、経験、道具、さらには研究体制などが、きわめて限られていた時代のことでした。こうしたものを活用できる環境が、現代ではまったく異なっています。学問をより深く掘り下げ、より広く展開していくための手掛かりは、ファウスト博士が生きたとされる一六世紀の頃とは比べようもないほど豊かです。「世界をそのいちばん奥深いところで束ねているもの」「すべてを創る力と種子」を求める努力は、そう簡単に絶望してしまうようなものではありません。

そうした意味では、ファウスト博士の苦しみは、時代に条件づけられたものであったとも言えます。しかし、私は、彼の絶望に、ある種の共感を感じる部分もあります。それは、ファウスト博士が、自分の学問と、人生、生き方を重ね合わせようとしていたところです。それゆえにこその「絶望」であったわけです。さきほど私は、皆さん自身にとって学問とは何なのか、それを考えてみてはどうだろうか、ということを言いました。皆さんにそのことを考えていただくための参考までに、私自身が自分の学問を、人生、生き方とどのように重ね合わせてきたのか、少しお話しておきたいと思います。

私は、法学政治学研究科の大学院で憲法学を専攻しました。ちょうど大学紛争が終焉に向かう頃の時期でしたが、研究をスタートしたばかりの大学院生は、海外のどこかの国を選んで、その法制度の研究からまず入って論文をまとめる、というスタイルが一般的でした。私はドイツ——当時は西ドイツでしたが——の法制度を選んだのですが、そのうち私は、自由の保障をめぐる「主観性と客観性」というテーマに取り憑かれました。

「自由」というと、おそらく皆さんも直感的に、それは主観性の領域に属する事柄だ、という風に考えるでしょう。自由というのは人間の自然権、生まれながらにして持っている権利ですから、そのようにまず考えるのは自然です。しかし、当時、私が初めて出会ったドイツの理論は、自由権は、主観的側面だけでなく、客観的側面も持っている、というものでした。その議論の不思議さを解きほぐしていくことが、私の大学院時代の一貫した仕事になりました。

その解きほぐしへの手掛かりを簡単に言えば、ここで議論の対象となっている自由というのは、基本的人権として、法という制度に定着させられた存在であって、生の事実的な自由とは異なる、ということです。法として制度化された自由である以上は、一定の範型と安定を要素とする客観性を持つことは当然だ、という話になります。しかし、自由が客観的な存在であるということを強調しすぎると、生の自由の持つ活力や創造力が損なわれてしまう可能性があります。そこのところを微妙に橋渡ししているのが、たとえば、「個人の自由は、制度からその『具体的形態』を受け取るとともに、制度に生命を吹き込む」というフレーズです。つまり、自由を法的権利として保障している制度は、主観性と客観性の相互的な交流を許容し、それによって制度の発展性と安定性のバランスをとっているわけです。そこに、基本権的自由が「主観性と客観性を持つ」、と議論することの意味がありました。そこでの議論の方法は、厳密に法学的な領域にとどまらず社会学的な領域にも広がっています。制度というのは、規範でありまた事実でもあるのです。

こうした「主観性と客観性」という捉え方は、学問的な認識にとどまらず、私自身の生き方にもずいぶんと影響を与えました。あるいは逆に、私のもともとの思考のスタイルが、そうした理論を研究の対象として選ぶことになったのかもしれません。変化と安定が綾をなす構造のダイナミズム、また自由という主観的なるものが持つ創造力とその客観的な定着、そうしたプロセスの絶えざる反復、というモデルは、私自身が社会や個人の動きの態様を観察し、さらには私自身の行動の指針とし、あるいは組織の運営などに携わる時に、つねに私自身の感覚の中に存在していたものです。このようにして、「主観性と客観性」というテーマに取り組んだ私の学問は、私の生き方そのものでもありました。

このような研究を行う過程で、最初は理解の糸口さえ見つけられなかった、自由における「主観性と客観性」の共存という不思議なテーマについて、おぼろげの構造が見えるようになった時は、私はある種の感動を覚えました。さきほど、ファウスト博士は、生きることの喜びの究極を求めて悪魔との契約を結んだと言いましたが、その契約では、「留まれ！　お前はあまりに美しい！」と感動の言葉を発した瞬間に、自分の魂を譲り渡すということになっていました。知識欲からの解放を願ったファウスト博士は、残念ながら、学問の外部にその「美しさ」を求めようとしたわけですが、私は、「主観性と客観性」の絡み合いを解きほぐす手掛かりを見つけた時に、やや大げさに言えば、そのような「美しさ」を感じたことを思い出します。

皆さんが大学院で学問研究に取り組んできた場では、どうだったでしょうか。おそらく皆さんそれぞれが、何らかの形で、学問の感動、「美しさ」というものを経験してきたのではないかと思います。それは、新しい発見であれ、概念や論理の見事な構築であれ、あるいは技術の創造であれ、いろいろなきっかけがあったことと思います。そうした小さな主観的な感動の積み重ねが、やがて大きな客観的な学問の世界を形作り、社会の知識基盤を構成していくことになるのです。

いま私は、「主観性と客観性」というテーマに触れて、自分の学問と生き方とのかかわりをお話しました。ただ、このテーマを取り上げたのは、それだけの目的ではありません。実は、皆さんに対して、「制度を変化させていく主観性」というポイントも強調したかったのです。「制度」という言葉を使うと、法制度といったものを思い浮かべがちかもしれませんが、それだけではなく、もっと広く、習慣的に用いられている概念や論理の枠組み、あるいは仕事のやり方や実験の手法なども、ここに含めて考えてもらうとよいと思います。

社会の仕組みであれ学問研究の方法であれ、一定の行為の範型を安定的に保持していく仕組みの存在は不可欠です。そうした安定性は、人びとの行為の予測可能性を高め、行為の合理性を担保する効果を持ちます。しかし、それ自体から新しい変化は生まれません。それを生み出すことが出来るのが、生の自由、主観性です。そうした力の躍動を皆さんに期待したいのです。ドイツにおける「主観性と客観性」の制度論に大きな影響を与えた、あるフランスの憲法学者は、「客観的形式である法制度を形成していく際の主観的権利の圧力ないしイニシアティブ」、というものの重要性を語っていました。そして、その主観性は、「企業的自由」、「賭けと投機の情熱」、「創造的自由」、といった言葉で表現されています。

最初にお話したように、時代はいま大きな変化の時期を迎えており、そこに多くの困難な課題があることはたしかです。しかし、同時にいまの時代は、変化を生みだす個人の役割、言いかえれば主観性の機能に対して大きな期待をかけている、と捉えるべきでもあると思います。日本では、近年、規制緩和や自己責任の議論なども経て、さまざまな政治哲学や社会哲学などの違いはともかく、すでに存在している客観的な仕組みや制度を墨守するのではなく、社会を動かすイニシアティブを個人により求める動きが強まってきています。つまり、客観性より主観性が重視される時代、主観性の持つ創造力を通じて新しい制度づくりが期待される時代に入っています。

皆さんの中には、これから、さらに大学院で研究を続ける人もいれば、社会のいろいろな現場に出ていく人もいます。しかし、いずれにしても、学問とのかかわりからは一生離れられないはずです。学問研究にさらに沈潜するにせよ、学問研究そのものからはある程度の距離を置くにせよ、大学院修了というこの機会に、自分と学問との関係を見つめなおす中で、自らが持つ主観的なるものの価値や力もまた再確認して、次の時代を創っていく一歩を踏み出してもらいたいと考えています。

そうした主観的なるものの発揮は、いつも一直線に客観的なるものの形成につながるとは限りません。「求め続けている限り、人間は踏み迷うものだ。」これは、戯曲『ファウスト』の中に出てくる主なる神の言葉です。学問において、さらには生きるということにおいて、私たちが踏み迷うのは当たり前のことです。この変化の時代にあって、新しい挑戦に躊躇をする理由はないように思います。

皆さんのご健闘をお祈りします。

コラム

生涯の友

知識というものを論じるときに、何やら反射的に、「公共性」という言葉が浮かんでくる。「森を動かす」のメッセージや『行動シナリオ』でも、「知の公共性」ということを盛り込んだし、学生への式辞や告辞などでも、この言葉に触れることが多い。

どうしてこう「公共性」が気になるんだろうと考えたときに、そう言えば、自分の研究の長いプロセスで、ずっとこの言葉と付き合ってきたなあと思い当たった。

四〇年近く前、大学院で研究生活に入った時に扱ったテーマが、当時の西ドイツの憲法学説で有力だった、「プレスの自由の制度的理解」というものだった。プレスというのは、新聞、雑誌、放送など、いわゆるマス・メディアである。そうしたマス・メディアの自由と「公共的任務」、つまり民主主義社会の形成のために果たす役割との関係、そして、それを実現するための自由の理論や制度的仕組みを論じたのが、私の修士論文だった。

そして、博士論文では、「基本権理論における制度の概念」をテーマとして、自由と制度の緊張と相互作用の問題を取り上げた。ここにも自由の客観的な機能の話が出てくるが、その一端は、平成二一年度の学位記授与式の告辞でも触れた（「主観性と客観性」）ので、詳細は措かせていただこう。

就職後は、ふたたびマス・メディアの自由と公共的な役割との緊張関係を論じることが多くなった。たとえば、放送制度である。放送は、放送用周波数が物理的に限られていること（つまり、誰にでも利用可能ではないこと）、また、その社会的影響力が大きいことなどを理由として、マス・メディアの中でもとくに、公共的な機能を実現するための制度設計が各国で工夫されてきた。ここで、公共性の多様な捉え方を深く考える機会を得た。

さらにリアルな場面では、報道による名誉毀損やプライバシー侵害の免責事由の解釈に関連して、公共性という問題をよく考えた。犯罪事件など社会的話題となった出来事の関係者、あるいはいわゆる有名人の行動についての報道に、どこまで公共性を認めるかは、なかなか議論の尽きないテーマである。

　こんなわけで、思い返せば、理論的な形で、あるいは具体的な事件の処理の場面で、公共性の概念にはずいぶんかかわってきた。公共性というコンセプトは、どうやら私の生涯の友となりつつあるようだ。いまさら友を見捨てるわけにもいかないだろう。しばらくは、知の公共性、大学の公共性というテーマに、じっくりと取り組んでいこうと思う。

知的廉直

二〇一〇年四月一二日
平成二二年度大学院入学式式辞

このたび東京大学の大学院に入学なさった皆さん、おめでとうございます。これから皆さんが、大学院という新しい世界、より深い学問の世界で、充実した学生生活をお送りになることを、心より願っています。そして、また、皆さんがいま、こうしてここにいることを可能にして下さった、皆さんのご家族はじめご関係の皆さま方にも、心からお祝いを申し上げたいと思います。

今年の大学院の入学者は、四七〇一名です。その内訳は、修士課程が二九七三名、博士課程が一三五三名、専門職学位課程が三七五名です。そのうち、男性と女性の割合は、ほぼ三対一になっています。また、入学者の中で外国籍の学生の数は五一一名、つまり入学者のおよそ一割強ということです。これだけ多くの数の皆さんが、これから東京大学の大学院で、その専門的な学識をさらに深めるべく、勉学に励まれるということになります。

大学院における教育研究環境について、東京大学は、さまざまな形で、その充実を図ってきました。

各研究科におけるカリキュラムや授業内容を拡充するとともに、横断型教育プログラムや、学生版エグゼクティブ・マネジメント・プログラムなど、研究分野の横の広がりを学ぶことのできる仕組みも、整えてきています。さらに、いま全学的に国際化の動きを強化しつつありますが、その中で、英語だけで修了できるコースを大幅に増やしたり、皆さんが海外の大学や研究機関に出かけて勉学できる機会を拡大したりしたいと考えています。このところ、日本の学生が海外に出かけることに消極的になってきたということも言われますが、たんに知識を学ぶというだけでなく、異なった文化や習慣、価値や思考様式に身をもって触れることは、豊かな創造力の源となりたくましい力を育てます。ぜひ、そうした機会を積極的に活用いただければと思います。この場にいる留学生の皆さんは、まさにそうした経験をなさろうとしているわけです。さらにまた、皆さんに対する経済支援策を拡充していくとともに、キャリアサポートや学生相談体制の整備なども、大学として近年とくに力を入れてきているところです。

このように、さまざまなレベルで教育研究環境を整えることによって、皆さんが持っている素晴らしい能力が、大学院においてさらに大きく花開くことができるように、大学として引き続き力を注いでいきたいと考えています。

さて、皆さんを取り巻くいまの時代は、大きな変化の時を迎えています。それに対して、大学や学問は、変化をよりよい方向にリードしていく、重要な役割を果たすことを求められていると考えています。

東京大学では、こうした社会からの期待に応えるべく、『東京大学の行動シナリオ』——これには『FOREST2015』という愛称を付けていますが——を作成して、この四月からスタートさせました。この行動シナリオの基本的な内容を特集した『学内広報』が、皆さんのお手元の資料の一つとして配布されていると思います。その冒頭部分において、時代と大学との関係について記述されている部分を、少し引用しておきたいと思います。

「二一世紀という新たな時代の輪郭が次第に形作られつつあります。グローバル化が進む中で、民族紛争やテロ事件の頻発、経済格差の拡大、地球温暖化など、安全や豊かさへの脅威が増大する一方、文化、環境、医療、食糧など多くの領域で、国際的な視野と協調のもとに持続可能な人類社会を形成していこうとする動きが、急速に強まっています。未来を見通しにくい不確実性の下、社会の安定的な発展と成熟をいかに実現していくかということが、時代の課題です。

こうした時代は、大学の存在意義と社会的責任が試される時でもあります。近年の地球的な規模での危機は、それを克服するための科学・技術や思想など、知が有する公共的な役割への関心を高めました。大学こそ、このような知の公共性のもっとも重要な担い手であり、知の創造すなわち『研究』と、知の批判的継承にもとづく人の育成すなわち『教育』とを通じて、より豊かで安定した社会の構築のために果たすべき大学の役割が、ますます重要なものとなっています。その東京大学憲章において、東京大学が『世界的な水準での学問研究の牽引力』であるとともに『公正な社会の実現、科学・技術の進歩と文化の創造に貢献する、世界的視野をもった市民的エリートが育つ場であることをあらためて目指す』と掲げた理念は、今日においてこそ試されています。」

このように、これからの時代において大学、そして学問が果たすべき役割は、非常に大きいのです。しかし、他方で、昨年来の政府の予算の編成の際にも議論になったように、いまの社会において、科学研究や技術開発を含め、学問というものの意味について、さらには知識そのものの意味について、どのように評価すればよいのか、確信が失われつつあるようにも見えます。のみならず、私たち自身も、学問に携わる、ということがどういうことであるのか、改めて考えるゆとりもなく、いま目の前にある課題にしゃにむに取り組んでいるところもあるように感じます。こうした時代に、いま学問の世界により深く歩みを進めていこうとする皆さんを前にして、大学において「学問をする」ということがどういうことなのか、その原点の一端を見直しておきたいと思います。

学問が生み出す知識の役割、ということでは、最近たまたま読んだ“The Marketplace of Ideas（思想の自由市場）”という本、これはハーバード大学のある教授が著した大学教育論ですが、その序文に次のような文章があります。

「知識は我々のもっとも重要な仕事（business）である。我々のその他の仕事のほとんどすべてが知識に依存しているが、その価値は経済的なものだけではない。知識を追求し、生産し、広く伝え、応用し、そして保存していくことは、文明（civilization）の中心的な活動である。知識は社会の記憶であり、過去への接続である。そして、それは社会の希望であり、未来への投資である。」

同じような趣旨の知識論は、しばしば目にしますが、きわめて端的に、知識と社会との関係の本質を述べていると思います。

現代社会の慌ただしさは、こうした知識の本質を見失いがちであり、とくに社会が経済的な困難に直面している時には、すぐ役に立つ実用的な知識が性急に求められる傾向があります。しかし社会の長い歴史の中で知識が果たすべき役割は、それだけにとどまりません。人びとの活動の合理性と創造性、そして社会の夢と豊かさのために、知識は不可欠です。そのことを、人類はとりわけ近代のあけぼの以来、身にしみて経験してきたはずなのです。知識にかかわる行為は「文明の中心的な活動」という言葉は、なかなか含蓄に富んだ表現です。

このことを反面から言えば、知識の役割に対する評価を適切に行いえない社会は、文明に対する評価、文明のもつ力と未来に対する確信がもてない社会、ということになります。日本がそのような社会であってよいとは思いません。

さて、いま知識というものについて話をしました。知識が社会にとってもつこのような役割は、学問の社会的意味ということと、そのまま重なります。ただ、学問と知識とは同じではありません。知識は学問の産物ないしは新たな知識を生み出すための用具であって、学問という言葉には、そのような知識を扱う行為、という契機も含まれています。つまり、学問というのは、知識にかかわる実体と行為とによって構成されている、と言ってよいかもしれません。

そこで、次に、この知識を扱う行為、「学問をする」ということについて、少し考えてみたいと思います。皆さんが大学院を修了した後の進路はさまざまでしょう。企業などに就職して学問の世界から或る程度の距離を置く人もいれば、大学や研究機関で引き続き学問の世界に深くかかわっていく人もいると思います。ただ、先々のキャリアはいずれにしても、いま皆さんは、学部時代のように「勉強をする」というのではなく「学問をする」という世界に入り込もうとしています。この「学問をする」という行為に求められる基本的な姿勢について、話をしておきたいと思います。

学問をする姿勢の具体的なスタイルは、専攻する分野によってそれぞれ求められる特性もあります。ここでは、いずれの分野にも共通する原理に触れておきたいと思いますが、それは、一言で言えば、「知的廉直」ということです。「廉直」という用語は、最近はあまり聞かなくなった言葉です。「廉」という漢字は、「清廉潔白」の「廉」で、直というのは、直線の直です。廉直というのは、廉潔で正直なこと、要するに、心が清らかで私欲がないことを意味しています。

この「知的廉直」という表現は、一九世紀末から二〇世紀にかけてドイツで活躍した社会学者であり、また経済学者でもあったマックス・ヴェーバーの『職業としての学問』という講演の日本語訳の中で、訳者の尾高邦雄先生——東京大学の文学部で社会学の教授をお務めになった先生です——がお使いになっている言葉です。ドイツ語のもとの言葉は、“intellektuelle Rechtschaffenheit”で、“Rechtschaffenheit”を普通に訳せば「正直」「誠実」といった感じになりますが、これにあえて「廉直」という訳語を与えたのは、尾高先生が、このもとのドイツ語の言葉がもつ重さを、精いっぱい日本語としても伝えたかったからだろうと思います。なかなか見事な言葉の選択です。

その言葉でヴェーバーが言おうとしていたのは、引き続き尾高先生の翻訳をほぼ借りてご紹介すると、「一方では事実の確定、つまりもろもろの文化的な事物の数学的あるいは論理的な関係およびそれら事物の内部構造のいかんに関する事実の確定ということ、他方では文化一般および個々の文化的内容の価値いかんの問題および文化共同社会や政治的結合体のなかで人はいかに行為すべきかの問題に答えるということ、——このふたつのことが全く異質的な事柄であるということをよくわきまえている」、それが「知的廉直」ということです。要するに、経験科学的な事実認識と実践的な価値判断、いかに行為すべきかの問題とを、峻別しなければならない、ということです。

これは、皆さんは、当たり前のことだと思うかもしれません。しかし、学問の世界に入る時にそのように考えていた澄んだ眼差しが、気がつかないうちに曇ってくるということがしばしばあります。とくに、いまの時代のように、学問に対して、社会的に目に見える具体的な成果が、しかも手短な時間のうちに求められがちなところでは、そのような危険が生まれます。時代の要望に応えようといそぐ余りに、事実の確定がおろそかになり、期待される価値を生み出すことに引きずられてしまうリスク、というものがあります。それは、一見、社会の必要に素早く応えているように見えて、しかし実は、社会に対する知識の本質的な貢献を損なう可能性をもっています。さきほど、「知識」のもつ社会的価値について、ハーバード大学の教授の著書を引きながら話したことを、思い出していただきたいと思います。もちろん、知識がすぐに具体的な形で役に立つに越したことはありません。しかし、その際に、事実の確定と価値の問題との峻別、という学問の基本姿勢を、決しておろそかにすることはないように、心していただきたいと思います。

さきほど紹介したような主張をマックス・ヴェーバーが展開したことには、時代の社会的な背景がありました。この講演は、一九一九年に多数の学生たちを前にして行われたものですが、当時のドイツは、第一次世界大戦後の革命があり、いわゆるヴァイマール体制に移行しつつある時期でした。こうした混乱の時期に、多くの学生は指導者を求め、それに教師も応えようとする動きがありました。それに対して彼は、「予言者や煽動家は教室の演壇に立つべき人ではない」ということを強調したわけです。いまの時代状況は異なります。しかし、ここでのヴェーバーの言葉、考え方は、そうした時代的な文脈を越えて、学問に携わる者の基本的な姿を伝えているものと、私は考えています。事実の確定と価値判断とを峻別する「知的廉直」は、いかなる時代においても、とりわけ、学問が社会とダイレクトにかかわろうとする場面では、つねに意識されるべきものです。

そして、ここで、「知的廉直」ということを語る時に、マックス・ヴェーバーが意図していたところを、いま少しふくらませて、あわせて皆さんへの期待としたいと考えています。それは、皆さんが日々の実験を行い、あるいは論文を執筆するプロセスにおいても、常に「廉直」であってもらいたいということです。実験を行う際に結果の適正な取扱いを心がけ、データのねつ造などの行為を決して行わないこと、あるいは、論文を執筆するにあたって他人の論文の盗用などを絶対に行わないこと、こうしたことは「知的廉直」という以前に、学問に携わる者のイロハであるとも言えます。しかし、研究成果を求める激しい競争は、研究環境の技術的な変化なども相まって、そうした過ちへの誘惑の危険を高めていることも事実です。皆さんには、この当たり前のことを、もう一度、肝に銘じておいていただきたいと思います。

現代社会では次々に新しい課題が登場し、学問の世界は、かつてマックス・ヴェーバーが生きた時代よりも、はるかに広大で複雑な領域となっています。そこでは、学問研究の手法も多様になり、たとえばＩＴ機器の発達によって新たな研究のスタイルも生まれています。しかし、「知的廉直」という価値は、いかなる時代に生きるにせよ、学問に携わる者の変わらぬ価値であると、私は信じています。

さて、今日は、新しく入学なさる皆さんのご家族の方々、ご関係の方々もたくさんおいでになっています。最後になりましたが、皆さまにも一言ご挨拶を申し上げておきたいと思います。博士課程に入学なさる皆さんは、すでに大学院生としての経験を持っていますし、修士課程に入る皆さんも、学部での時期を過ごした、しっかりとした大人です。すでに生活の面でも勉学の面でも、間違いなく一人でやっていけると期待出来る皆さんたちです。ただ、大学院での勉学、研究というのは、学部での勉強以上に、強い精神力と体力を必要とします。特定のテーマに情熱を注ぎ込むことは、肉体的な負担はもとより、しばしば、個人の内面における、孤独で苛烈な作業となることも少なくありません。そのことをご理解いただいて、ご家族の皆さま、ご関係の皆さまには、どうか、そうした厳しい学問の世界にいる皆さんに、折に触れ精神的なサポートをして差し上げていただければと思います。

東京大学は、今日、このように多くの皆さんが、学問の未来の可能性にともにチャレンジしていく仲間として、新たにくわわって下さることを、心から嬉しく思います。皆さんに、改めて東京大学としての歓迎の気持ちをお伝えして、式辞といたします。

コラム

「最もよく奉仕する者、最も多く報いられる」

「知の公共性」は、私の思いを込めた大学運営の理念として、繰り返し述べていることである。その趣旨は本文を参照いただくとして、そもそも、公共的な役割を果たすことと個人の自発的な活動との関係、言ってみれば責務と自由とをどう関連付けて考えていけばよいのか、誰しも悩む問題であろう。

その関連付けの一つのモデルを示唆するものに、「最もよく奉仕する者、最も多く報いられる（He profits most who serves best）」という言葉がある。これは、職業を通した奉仕を理念として活動している、「国際ロータリー（Rotary International）」という組織が掲げている主要な標語の一つである。この組織のメンバーであるアーサー・シェルドンというシカゴに住んでいた人物が、二〇世紀のはじめ頃に、その原型を形作ったとされている。

先日、私の郷里にある明石ロータリークラブの設立六〇周年記念式典で講演を行う機会があり、「大学から見る明日の日本」について話をした。日本社会が激しい変化に直面している時代、そしてグローバル化の中で存在感を厳しく問われている時代を背景に、大学における「タフ」な人材の育成の必要性や、基礎・応用の両面での科学研究、技術開発の課題、それらの社会的貢献などに触れた。

この講演の内容をどう組み立てようかと考えている時に、三〇年ぶりくらいに思い出したのが、「最もよく奉仕する者、最も多く報いられる」という言葉である。ある日、ロータリークラブの会合から帰ってきた父から、シェルドンという人物が書いた英文を渡されて、その翻訳を手伝ってくれないかと頼まれた。それがどういう内容の文章だったか今はまったく覚えていないが、わずかに頭の隅に残っていたのが、この言葉である。

簡単に言えば、自分の職業にしっかりと励んで人びとに役立ち喜んでもらうことを通じて、自分自身も利益を得ることになる、といったことだが、この「利益」ということには、物質的な利益だけに限らず精神的なものも含むという解釈があるようだ。私は、記念式典での講演で、大学が公共的な役割を果たして社会の活力が増すこと、その結果として社会から大学により多くのサポートが得られること、という好循環の構造が、この「最もよく奉仕する者、最も多く報いられる」というメッセージと重なるだろうと話した。

似たような言葉に出会ったことがある。それは、私の中学・高校の校是であった、「精力善用・自他共栄」という言葉である。これは、講道館柔道の創始者である嘉納治五郎の言葉であり、柔道の極意としてむしろよく知られているかもしれない。その趣旨は、「心身の力を最も有効に使用する」、そして、「この原理を実生活に生かすことによって、人間の社会の進歩と発展に貢献すること」、である（講道館のホーム・ページより）。校是の由来は、私の中学・高校（当時は、旧制中学）の設立に嘉納家がかかわり、嘉納治五郎が創立時の顧問であったことによるらしい。ちなみに、氏は、一八八一年（明治一四年）、東京大学文学部の哲学、政治学及理財学科卒業であり、東京高等師範学校の校長なども務めている。

「公共性」という言葉は、さまざまな人がそれぞれの思いをもって盛んに議論してきた言葉である。最近では「新しい公共」といった理念も提起されていたが、いずれにしても、重要なポイントは、冒頭で述べたように、社会的な役割遂行と個人の自発的な活動との関連付けをどのように構成するかというところにある。

「公共性」については、私もつい理念的ないし理論本位の議論をしがちだが、今回の記念式典の会場で、「職業奉仕」の実践に日々取り組み続けている地元の商店や企業の人たちと話をすることで、少し視野が開けた思いがした。

Ⅳ

タフな東大生

「タフな東大生」というのは、教育面での私の重要なメッセージです。厳しい受験競争を経てきた学生は、知識の面では豊かなバックグラウンドを持っています。そうした知識そのものにくわえて、それを社会で使いこなすタフさを備えれば、これほど素晴らしいことはありません。東京大学の学生には、総長表彰を受けるなど、「タフな学生」のモデルとなる学生も少なくありません。そうした学生が、東京大学はもちろん、どこの大学でもさらに多く誕生することを期待して、このメッセージを出し続けたいと思います。とりわけ、いまのような、変化の激しい厳しい時代には、こうした学生を育成していくことが何より大切だと考えています。

本章には、このテーマを主題とした式辞とともに、タフさに関連するテーマである、リスクや多様性の問題に触れた告辞などを収めています。

タフな東大生

二〇〇九年四月一三日
平成二一年度学部入学式式辞

東京大学に入学なさった皆さん、おめでとうございます。これから皆さんが、この東京大学で、充実した学生生活をお送りになることを、心より願っています。そして、また、皆さんがいま、こうしてここにいることを可能にして下さった、皆さんのご家族はじめご関係の皆さまにも、心からお祝いを申し上げたいと思います。

今年の学部入学者は三一五四名です。その内訳は、いわゆる文系の皆さんが一三一二名、そして理系の皆さんが一八四二名となります。また、後期日程での入学者は、九七名です。男性と女性の割合は、およそ八対二、また、留学生の数は四一名です。これだけの数の皆さんに、これからの東京大学のもっとも若い力として、ご活躍いただくことになります。

東京大学については、皆さんはすでに多くの情報を持っていらっしゃることと思います。ただ、どうしても受験のための情報が中心だったでしょうから、この機会に改めて、これから皆さんが、その中で過ごすことになる、東京大学という組織の全体像を簡単にお話しておこうと思います。

東京大学の教員は、およそ四〇〇〇名近くいます。また、事務系・技術系の職員は約二〇〇〇名、そして在籍している学生の数は、およそ二万八〇〇〇名で、学部学生の数と大学院学生の数が、ほぼ半々の状況です。東京大学の主なキャンパスは、本郷と駒場、そして柏の三つですが、さまざまな実験施設や観測施設、演習林などが、北海道から鹿児島まで、日本全国に存在しています。皆さんが旅行などをした時に、思いがけないところで東京大学の表札に出会うことがあるかもしれません。海外にも、さまざまな大学や研究機関との協力によって、何十もの研究の拠点があります。東京大学では、このように、たくさんの教職員や学生が、さまざまな場所で、人間の存在や生命現象の仕組み、そして、宇宙や物質の成り立ちに対する根源的な研究、また、人々の社会生活を支える科学技術の開拓、あるいは社会的な制度や理論の構築など、幅広く多様な学術研究に携わっています。そして、それらの幅広く高度な研究を基盤として、未来の社会を担うべき人材が育成されています。

人材育成、つまり教育の内容については、カリキュラムの改善をはじめ、東京大学ではさまざまな努力を重ねてきました。「知」の大きな体系や構造を見せる「学術俯瞰講義」、また、新しい課題にこたえる学部横断型の教育プログラムも開始されています。学術の確実な基盤をしっかりと身につける専門教育とともに、教養学部で行われているリベラル・アーツ教育は、東京大学の大きな特徴です。また、こうした授業内容とともに、奨学制度やキャリアサポートの充実、さらに学生相談体制の整備なども、大学として近年とくに力を入れてきているところです。このような教育環境を整えることによって、皆さんが持っている素晴らしい能力が、この東京大学において、さらに花開くことができるように、引き続き努力を傾けていきたいと考えています。

さて、時代はいま、激しい変動の時期、大きな変化の時期を迎えています。金融や産業が世界的規模で動揺する中で、人々の生活の基盤も大きく揺らいでいます。今日ここにいる皆さんのご家庭でも、経済的に大変な思いをなさりながら、皆さんを大学に送り出されているご家庭も少なくないことと思います。

こうした不安定な状況がいつまで続くのか、誰もが明確な回答を持っているわけではありません。また、とりあえず状況が一段落したとしても、それは、必ずしもこの危機の克服ということではないように思います。本当の「克服」というのは、こうした危機が二度と起こらないような社会の仕組みと人々の考え方を、新たに作っていくということです。つまり、この危機が克服された後の世界は、危機以前の状態に戻るというだけであってはならない、と思います。人類の知恵は、今回の危機から学び、誰もがより快適に安心して生活できる社会の姿を生み出していくことを可能とするはずです。それが出来ないのであれば、私たちの知識は何のためにあるのか、ということが問い直されなければなりません。

いまの時代は、これまで当たり前と思ってきたもの、いわば信用と信頼の体系が、がらがらと崩れている時代です。その意味で、この危機は、表層的なものではなく構造的なものです。こうした場面では、根本の部分から時代の課題にしっかりと取り組み、「未来に向けた確かな指針」を示すことが求められます。たしかに、目前の危機を回避するために応急的な対応は必要です。しかし、こうした時代だからこそ、目前のことだけに囚われるのではなく、二〇年、五〇年、一〇〇年先の、日本と世界を見据えた指針が求められるように思います。そのような新しい世界を描き、それに至る道筋を提示することができるのが、学術であり、大学です。とりわけ東京大学のような大学は、これからの「世界を担う知の拠点」としての役割を果たしていかなければなりません。

ＩＴやグリーン・テクノロジーといった分野をはじめとする新しい技術開発、医療や生命にかかわる研究の展開、また、新しい時代を支える経済的な仕組みや制度的な枠組みづくりなど、東京大学の学術が「未来」の構想にかかわるべきことは山のようにあります。また、今回の危機で、「金融界では、すでに危機の顕在化以前に、多くの人が危ない状況だと思っていた。それでも止めることができなかった」、というような説明を聞くことがあります。そこには、人間や社会のあり方への、本質的な洞察を必要とする課題も含まれているような気がします。

そして、何より、東京大学は人材育成の場です。現在の危機からの回復のためには、ある程度の時間がかかるでしょうから、今日ここに入学式を迎えられた皆さんは、卒業なさる時、おそらくは、まだ回復中の経済や社会のただ中に入り、その回復のための中核的な力としてご活躍いただかなければなりません。皆さんの力が、社会の「未来に向けた確かな指針」を生み出すのに与ることができるように、東京大学は皆さんを、しっかりと教育していきたいと考えています。

これまで、社会が数多くの課題を抱えていることに対して、東京大学は、新しい学術的な価値を創造し、また、多様な教育と研究のプログラムを構築することで応えてきました。こうした挑戦をつねに可能とする、学術的な基盤の充実と発展には、引き続き大きな力を注ぎたいと考えています。東京大学の学術のウィングというのは、現在と未来だけではなく過去にも広がっています。知の創造にとって、未来に開かれた知の可能性に対する果敢な挑戦とともに、歴史に鍛え上げられた知の蓄積に対する鋭敏な意識は、決定的な要素です。時代にもてはやされる学問だけではなく、多彩な学問分野を、時の制約を越えて確実に維持し発展させ続けることは、東京大学の誇るべき伝統であり、学術の基盤を確かなものとし、創造性を生み出す源となります。

現代のような厳しい時代に、いま改めて、東京大学は、こうした知的な底力を発揮しようと決意しているところです。

このように、時代と真正面から取り組もうとしている東京大学の、知的活動を担う主体の一人として、今日ここにいる皆さんには、ぜひ「タフ」な東大生として成長いただきたいと願っています。入学試験を経てここにいらっしゃる皆さんが、豊かな知識を持ち、そして素晴らしい学習能力を持っているということ、いわゆる「頭の良さ」については、私はまったく心配はしていません。そして、東京大学でこれから皆さんに提供されるカリキュラムは、豊かな教養教育と、伝統に裏付けられた専門教育で構成されており、皆さんのそうした知的能力を、さらに成長させるものとなるはずです。しかし、そうした知識だけではなく、皆さんには「タフ」でもあってほしいと思うのです。この「タフ」という言葉には、いろいろな意味合いを込めているつもりです。

まずは、体力・健康です。当たり前のことのようですが、とにかく健康でないと、知的な緊張や知的な思考を長時間続けることが難しくなります。もちろん、そうした体力の不足を、強靱な精神力で乗り越えた、素晴らしい学者や学生を、私は何人も知っています。したがって、体力がないからといって知的であることをあきらめる必要はありませんが、知的な活動にも、それを支える体力・健康があるに越したことはありません。

ただ、今日、「タフ」であってほしいと申し上げることで、そうした体力以上に、社会的なコミュニケーションの場におけるたくましさの大切さを、強調しておきたいと思います。知識というのは、それ自体としてももちろん価値あるものですが、知識が強い力を発揮するのは、とくに、社会的なコミュニケーションを通じてです。人や社会を動かすことによって、知識は生命を持ちます。ある知識を自分で納得するだけでなく、人に伝えること、人を納得させることには、一つの力が必要です。そして、コミュニケーションの相手というのは、自分と同じ価値観や人生観の人ではないことが、むしろ普通です。このの国際化の時代には、しばしば、使用する言語さえ異なることも珍しくありません。こうした差異を越えて、知識を伝え、受け取ることができる力、また、互いに論じ合うことができる力、それが「タフ」であるということです。

そして、このような「タフ」さの基盤にあるのは、たんに、コミュニケーションのテクニックあるいはスキルではありません。むしろ、人間的な力、人格そのものです。

私が若い頃、あるゼミで学んだときに、大変に印象深い言葉があったことを覚えています。それを教えて下さったのは、法哲学がご専門の非常に博識な先生でしたが、その先生が、ある著名な海外の法律学者の評価について、「才ありて徳なき」という言葉をお使いになりました。当時は気づかなかったのですが、後にそれは、中国の明の時代の古典である、「菜根譚《さいこんたん》」の中で出てくる言葉と分かりました。この本は、いわゆる「清言の書」、物事の理を人生訓として書き記しているものです。少し悟りすぎたところがありますので、まだまだ若くて迷うことも必要な学生の皆さんには、今の年代で必ずしも一読をおすすめするというようなものではありませんが、そこには、次のような一節があります。文章は、漢学者であった今井宇三郎氏による読み下し文を使わせていただきますが、「徳は才の主にして、才は徳の奴なり。才ありて徳なきは、家に主なくして奴の事を用うるが如し。幾何か魍魎にして猖狂せざらん」というものです。つまり、「徳」、人格が、「才」、才能の主人公であって、才能は人格の召使いである。才能があっても人格のないものは、家に主人がいなくて、召使いが勝手気ままにふるまっているようなものである。どれほどに妖怪が現われて暴れ狂わないことがあろうか、といったような意味です。

ここで、「才」は、知識や知恵と置き換えてよいと思いますが、「徳」をどのようなものとして理解するかについては、もちろん、いろいろな解釈の仕方があるでしょう。私は、この「徳」を、ただ人柄がよいといったことではなく、広い意味での人格、幅広い人間的な力も含めたものと理解しておきたいと思います。そう理解いただくと、私がさきほど言わんとしたことの一端が、お分かりいただけるのではないかと思います。ぜひ、皆さんも、この「徳」ということの意味を、考え続けてみて下さい。それを考えること自体が、きっと皆さんを成長させることになると思います。皆さんが、東京大学での学生生活の中で、さまざまな出会いや触れあいを通じて、才もあり、徳もある人間として成長して下さることを、心より願っています。

さて、今日この場にお越しいただいている、ご家族の皆さま、ご関係の皆さまにも、一言申し上げておきたいと思います。

このところ、こうした席では、皆さまのお子さんは大学に入っていよいよ自立する時が来た、だから、もうあまり干渉しないようにお願いする、ということがしばしばあります。また、マスコミでも、「子離れが出来ない親」、という構図がしばしば描かれることもあります。しかし、今日、私は、皆さま方に、むしろ、これからもお子さんたちとしっかりとかかわって下さい、とお願いしたいと思っています。もちろん、それは、いわゆる「過保護」という意味ではありません。お子さんたちが、これからタフな学生として育っていくために、その成長の過程に引き続きご協力をいただきたい、ということです。

「獅子がわが子を千尋《せんじん》の谷に突き落とす」ということが必要な場合もありますが、タフな学生を育てるには、ただ厳しい環境にむやみに投げ込めばそれでよいというものではありません。必要なのは、厳しい環境よりも、むしろ多様な触れあいのある環境です。そうした触れあいの中には、もちろん厳しいものもあれば、温かいものも、またわくわくするものも、緊張を必要とするものもあります。そうした環境を、大学は、国際的な経験をはじめとして、いろいろな形で用意していきたいと思いますが、またご家庭などにおかれても、お子さんに、さまざまなチャンスを作ってあげていただければと思います。

東京大学が、これから学生の皆さんに提供する知的に豊かで多様な環境と、ご家族やご関係の皆さまのご協力との総合力が、タフな東大生を作りだしていきます。そうした意味で、今日ここにおいでになっている皆さま方も、東京大学という広大な知の共同体の一員でいらっしゃる、ということになります。これから、ぜひそのようなお気持ちと、また誇りをもって、東京大学の教育活動、研究活動をご覧いただき、そして、ご支援をいただければと思います。

知の創造と教育、社会との連携を通じて、東京大学は、日本の未来、世界の未来に対する公共的な責任を、いまこそ果たすべき時であると考えています。これからも東京大学は、豊かな構想力を備えた「世界を担う知の拠点」として、そのような責任を進んで果たし、社会からの信頼を確かなものとしていく決意でいます。今日ここにいる新入生の皆さんが、こうした決意をもった私たちの仲間に入って下さることに、改めて歓迎の気持ちをお伝えして、式辞といたします。

コラム
知識とベンチャー

東京大学では毎年一一月に、「ホームカミングデイ」を開催している。国立大学の法人化が行われる少し前から始まった試みで、卒業生に、年に少なくとも一度は母校を訪れてもらい大学とのつながりを深めてもらえれば、という趣旨である。最近は、どこの大学でも、こうした催しが活発に行われている。ここ数年、ホームカミングデイの日は雨模様の天気が多く、年配の方も多い卒業生には申し訳なかったのだが、昨年はやっと晴れた。

ホームカミングデイではたくさんの催しが行われるが、そのメイン・イベントは、安田講堂での歓迎式典の後に実施される特別フォーラムである。昨年は、「社会が変わる、ベンチャーで変える、東大が変える！」がテーマであった。パネリストを、ベンチャーの世界で活躍している四人の卒業生にお願いした。基調講演を私がやらせていただいたが、そのポイントの一つはこうである。

すなわち、社会が変化する時代には、大学から送り出す知識や人材を社会が受け止め活用する方法や能力も変化してくる。そのことを意識して、大学の側も、知識を社会につなぐ新しい仕組みを大胆に工夫していかなければいけない。その意味で、これからの時代には、東京大学もベンチャーである。知識を社会につなぐ重要な担い手である学生に、「タフ」であってほしいと言っているのも、その一環である、と。

パネリストからの発言は、いずれもとても刺激的だった。その中で一つ気になった、共通のメッセージがあった。すなわち、「東大卒の人間はリスクを考え過ぎてしまう」、「日本では、学歴の高い人に『ただ飯志向』がある」、「アメリカで起業をしようとした時に、ビジネスプランは関係ない、ガッツと志があれば成功できると言われた」、といったものである。

気になった、というのは、知識の役割である。私は、学生に、「皆さんは知識を十分に持っている、それにタフさが加われば怖いものは無い」、と言ってきた。しかし、実は、知識がタフになるのを邪魔している、ということは無いだろうか。知識があるがゆえに、一歩踏み出すことをためらっていないだろうか。これは、個人の意識の問題だけでなく、社会の仕組みがそうなるように仕向けてはいないかと思う。

しかし、いまは、その社会の仕組みそのものが揺らいでいる。知識が甘えを生みだす余地は無い。ベンチャー精神を強めるような知識のありようを、大学としてもしっかり考えるべき時代だろう。

リスクと多様性

二〇一〇年三月二五日
平成二一年度卒業式告辞

皆さん、ご卒業おめでとうございます。また、皆さんが学業にいそしんでいる間、しっかりと皆さんを支え、今日のこの晴れの日をともにお迎えになっていらっしゃるご家族の皆様にも、心よりお祝いを申し上げたいと思います。

大学に入学してから卒業まで、おそらくは、短かったような長かったような、両方の思いを、この瞬間に皆さんは持っているのではないかと思います。いずれにしても、この大学生活の間に皆さんは大きく変わったはずです。それは、皆さんが物事を考える視野の広がり、知識や知恵の豊かさ、さらには日々の行動や人のつながりの拡大を通じて、もたらされたものだと思います。

皆さん自身だけでなく、大学を取り巻く環境も、皆さんが入学した頃とは大きく変わってきています。今日皆さんを卒業生として送り出していく時に、今の時代状況に触れないわけにはいきません。

何より、一昨年来の金融危機、経済危機は、世界中に、そして日本にも大きな影響を与えました。ご家庭にその影響が及んだ皆さんも、少なくないのではないかと懸念しています。そして今、この危機を克服できた後の次の時代がどのようなものになるのか、誰もはっきりとしたイメージを持っているわけではありません。とりわけ、日本の政治、経済、そして社会の姿がどのような方向に向かうのか、まだまだ見通しにくいものがあります。日本だけでなく、これからの国際社会、国際関係のあり方も大きく変わることが予想される時代です。そうした時代状況の中で、皆さんは、社会へ、あるいは大学院へと、それぞれ次のステップを踏み出そうとしています。

こうした時代に生きるということは、たしかに大変なことです。これまで存在してきた制度や習慣の枠組みの中で生きていく方が、たしかに楽です。制度や習慣の存在は、私たちの思考や行為を省力化してくれます。それらに従っていれば、普通に生きていくということが比較的に容易です。しかし、そうした制度や習慣の枠組みが揺れ動くとき、私たちは、自らの生き方、そして自らが生きる環境を自分で考えて選択し、また作り出していかなければなりません。時代が見通しにくいといって文句を言っていても始まりません。「見通しやすさ」は、どこかにすでに存在しているものではありません。何か見つけ出すものではないのです。それは私たちが、自分の力で作り出していくものです。

こうした時代に皆さんに求めたいのは、自らを時代の変化の中に投げ込むということ、別の言葉でいえば、「リスクをとる」ということです。もちろん、リスクのとり方はさまざまであり、また生命までも賭けろと言うつもりはありません。ただ、新しいものを生み出そうとする時には、失敗の可能性はつきものです。失敗のない進歩はありえません。

この「リスクをとる」ということを、東京大学の卒業生となる皆さんに、とりわけて求めたいと思います。その理由は何よりも、皆さんは、東京大学というきわめて恵まれた学問の場で、豊かな知識と知恵、そしてそれを駆使するスキルという、特別の能力を身につけたはずだと考えているからです。そうした力は、ありうるリスクを最小限に抑える予測を可能にするはずです。また、リスクを被った時に、そこから回復するたしかな梃子ともなるはずです。この点において、皆さんは明らかに有利な条件を備えています。それを信じればこそ、私は皆さんに、あえてリスクをとり、そして次の時代を生み出していく役割を託したいと思うのです。

そのような皆さんの力を、東京大学は、さまざまな工夫をこらして育成してきたつもりです。その工夫のための重要なコンセプトの一つが、「多様性」ということです。東京大学は、その基本的な運営の指針を考える時に、つねに「多様性」ということを意識してきました。たとえば、東京大学は二〇〇三年に、長期的視点に立って大学運営の基本原則を定めるために、「東京大学憲章」というものを制定しましたが、その前文には、次のような言葉があります。

「東京大学は、構成員の多様性が本質的に重要な意味をもつことを認識し、すべての構成員が国籍、性別、年齢、言語、宗教、政治上その他の意見、出身、財産、門地その他の地位、婚姻上の地位、家庭における地位、障害、疾患、経歴等の事由によって差別されることのないことを保障し、広く大学の活動に参画する機会をもつことができるように努める。」

また、私の二〇一五年までの任期中に東京大学が目指すべき基本的な項目と考え方を盛り込んだ『行動シナリオ』、それがこの四月からスタートします。その基本的なビジョンを述べた文章の中には、たとえば、次のような表現が含まれています。

「日本の学術が持つ魅力と強みを発揮し、アジアの諸大学との連携のハブとなりつつ、言語や発想・価値観などの多様性を組み込んだ、世界の学術のトップを目指す教育研究のプラットフォームとして、東京大学の国際的な存在感を高めていきます。」

「歴史の流れと国際的な広がりの中で多様な学術が連鎖し再生産されてきた東京大学は、時間と空間、分野と特性を越えて知が切磋琢磨し、卓越性を目指して未知への挑戦を無限に続けていく、ダイナミックな『知の連環体』です。」

「豊かな知識を基盤に、能動的学習や国際経験の機会の拡充、さらに課外活動や社会的体験などを通じて、弱者への思いやりと倫理感、そして強靱な精神をバックボーンとし、多様な価値観の存在を意識したコミュニケーション力と知や社会のフロントを切り拓く行動力を備えたタフな学生を育てていきます。」

この『行動シナリオ』冒頭の、わずか五ページほどの文章の中に、「多様」という文字が、あわせて一二回も出てきます。もちろん、使われている文脈は、いま引用した箇所にも見られるように、さまざまなのですが、「多様」という価値が、現在の、そしてこれからの東京大学の特徴を表わす主要なキーワードの一つだということは、これだけでもお分かりいただけると思います。

もっとも、「多様性」という言葉は、今日ではかなり広く普通に使われるようになっています。私の学生時代を振り返ってみると、「多様性」というのはそんなに一般的な用語ではなかったような記憶があるのですが、おそらく一九六〇年代から七〇年代以降の社会変化に伴って、この言葉は一般的な通用力を獲得してきたのであろうと推測しています。ここではそうした歴史的な経緯はさておくとして、なぜ「多様性」なのでしょうか。この言葉が当たり前のように使われるようになった現代ですが、改めて、その意味を考えておきたい気がします。

「多様性」を語る一つの大きな意味は、平等の観念と結びついています。つまり、特定の人間や民族、特定の価値や考え方、特定の宗教や政治的な意見だけが優越するのではなく、それぞれの存在が均《ひと》しなみに価値を持つと考えるのが、「多様性」という言葉を用いるときの基本的な前提です。さきほど読み上げた東京大学憲章の文章が、「差別の禁止」ということに触れていたように、「多様性」という言葉は平等の精神によって裏打ちされています。

しかし、「多様性」ということの価値は、そのように、さまざまな存在に対して配慮と敬意を払うこと、そのところだけにとどまっていません。そうした配慮や敬意の結果として、個人や社会に大きな力を生み出すことが出来るのが、「多様性」のさらなる意義です。「リスク」に立ち向かうことを私が期待している皆さんに、ぜひそうした意義についても、しっかりと伝えておきたいと思います。

一つ目は、言うまでもなく、多様性が存在することによって、私たちの知識の対象や知恵の幅が広がるということです。皆さんは在学中に幅広い分野の勉強をしたことと思いますが、そこで学んだ知識や知恵は、さまざまな時代に、さまざまな人が、さまざまな言葉で、そしてさまざまな発想で、生み出してきたものです。知識や知恵は、その存在自体が、多様性の価値を象徴しているものです。

二つ目は、多様な事実や価値、考え方がお互いにぶつかりあうことによって、よりよいものが見出される、ないしは生み出される可能性があるということです。その精神は、「言論の自由市場」の考え方の先がけをなしたジョン・ミルトンの言葉で、「（真理と）虚偽とを組み打ちさせよ、自由で開かれた対戦の中で、真理が負かされたためしを誰が知るか」、という有名な文章の中に端的に表現されています。「真理」という言葉を用いるかどうかはさておき、時代や分野を越えて含蓄のあるフレーズだと思います。そのような「組み打ち」、「対戦」を通じて、私たちの知識や知恵は鍛えられ豊かなものとなっていきます。それを可能にするのが多様性の存在です。

三つ目は、多様な価値や考え方、生き方に溢れた環境の中に生きることで、「たくましさ」が生まれるということです。そして、その「たくましさ」は、コンクリートの塊のような頑丈さというよりは、むしろレジリエンス（resilience）といった言葉がふさわしい、一種の弾力性を備えた強靱さというものになるだろうと思っています。つまり、自分とは違った価値や考え方を異質なものとしてただ跳ね返すのではなくて、それらを自らのうちに取り込むことによって、どのような事態にも柔軟にかつ確実に対応していくこととの出来るような強さです。それは、異なった価値や考え方とたえずコミュニケーションをし、互いにその良さを評価し合うことから生まれてきます。

社会が大きく変化して次のたしかなシステムが必ずしも見えない時代、そしてグローバル化によって、さまざまな価値や考え方が国境を越えて濃密に触れあう時代、こうした時代には、いまお話した「多様性」が持ついくつかの意義のうちでも、とくに三番目のもの、つまり、さまざまな価値や考え方を自らのうちに取り込みながら「たくましさ」を育んでいくということが、個人にとっても社会にとっても、重要になってくるものと考えています。

ちなみに、多様性という言葉は、最近では、「生物多様性」という文脈でよく使われています。生物多様性というのは、多様な生物種と豊かな生態系がバランスを保ちながら生息することですが、そのことによって人間は多くの恵みを受けています。今年は、国連の定めた「国際生物多様性年」ということで、「生物多様性条約」をベースにした第一〇回目の締約国会議（COP10）が、日本で開催されます。

この生物多様性というものが、人類社会のサステイナビリティ、人類の存続の基盤であると考えられているわけで、そうした認識は、生物や生態系の世界に限らず、より一般的に、多様性と「たくましさ」との関係にとって大いに示唆するものがあるように思えます。

かつて、日本の社会は均質的であるとか、多様性に乏しいとかと言われてきました。しかし本当にそうなのでしょうか。さまざまな物の考え方、個性ある生活スタイルや価値観、それぞれの地域に根ざした習慣や言葉など、実際には非常に幅の広い多様性が私たちのまわりに存在しています。これまで私たちは、そうした多様性をあえて見なかった、認めなかった、あるいは一種の「均質性のイデオロギー」とでもいうべきものに無意識に囚われてきたのかもしれません。皆さんに期待するのは、そうした多様性を正面から見つめる、それにしっかりと向き合って取り組んでいく、その上で、多様性をわがものとしていく、いわば「多様性を身体化していく」、ということです。

現代社会では、そうした多様性の存在が、かつての時代よりもはっきりと見えるようになっています。いまの時代が、個人を単位に社会の仕組みを考える傾向が強まっているということも、その理由の一つです。また、たとえば、インターネットの発展は、隠れていた多様性をより目に見えるようにしてきました。さらには、今日、グローバル化が激しく進んでいます。そこでは、私たちは、これまで知らなかった、多様な存在を要素とする厖大な世界と、直接に向き合うことを迫られます。言いかえれば、私たちは、多様性を避けては生きられないのです。

東京大学では、このような認識を踏まえて、さきにお話したように、あらゆる場面で「多様性」という価値を意識しながら教育研究を行ってきました。皆さんも、東京大学で学生生活を送る中で、そのような「多様性」がもたらす恵みを、知らず知らずのうちに自らのうちに取り込んできたはずです。ただ、皆さんは、これから、社会に出ようと大学院に進学しようと、さらに大きな、さらに複雑な「多様性」と向き合うことになります。皆さんはこれまで無意識に接してきたかもしれませんが、これからは、この「多様性」というものを意識し、それに真っ向から絡み合って、自らを鍛えていっていただきたいと思います。それによって、皆さんが「リスク」に立ち向かう力も、一段と強くなっていくはずです。

私は、未来が見えにくい時代だということを言いました。しかし、まったく悲観はしていません。むしろ楽観的であり、未来に大きな夢を持っています。それは、一つには、東京大学という知の拠点が生み出す学問、その量と質に自信を持っているからです。東京大学から生み出される知識や知恵は、明治維新の後の日本の近代化を、また第二次大戦後の日本の復興をしっかりと支えてきました。これからも社会の発展を力強く支える役割を果たしていくはずです。

しかし、私が日本の未来に対して楽観的であり夢を持つことができるのは、何よりも、今日まさしくこの場にいる皆さんのように、日本の未来を間違いなく支えてくれるであろう、たくましい卒業生が東京大学から巣立っているからです。知識や知恵の多様性の中で鍛えられ、多様性をわがものとし、さらには自ら多様性を生み出していく皆さんの力は、必ずや、日本の、そして世界の明日の姿をたしかなものとしていくはずです。

皆さんのご健闘をお祈りします。

「正解」に囚われない知性を

二〇一〇年四月七日
『教養学部報』第五二八号

東京大学に入学なさった皆さんに、東京大学の教職員を代表して、心からお祝いを申し上げます。これから皆さんは、これまでの高校生活や受験勉強の時期とはまた違った、新しい発見と創造の喜びに満ちた知の世界で学びを始めることになります。こうした新しい環境の中で、皆さんが、実り豊かな学生生活を送っていかれることを期待しています。

その学生生活の中で、皆さんには何よりも、「学問をする」ということの新鮮さと感動を味わってもらいたいと思っています。受験勉強では、普通はいつも「正解」というものがあります。皆さんは、その正解を求めて、それに少しでも早く、上手に到達できるように、努力してきたと思います。

大学での「学問」の世界でももちろん「正解」が求められます。ただ、同時に、「正解」が複数ある問題、「正解」に容易には到達できない問題、さらには「正解」のない問題というか、「正解」という観念がそもそもないような問題も少なくないというのが、「学問」の難しいところであり、また面白いところです。皆さんがこれから出会うのは、そのような世界です。正解をすぐに見つける必要は必ずしもありません。正解がすぐに見つからなくても、何らかの答えを一所懸命見つけ出そうとする過程で、皆さんは、課題に立ち向かう時の、必ずしも一つではない、さまざまな学問の切り口と知的格闘の方法を学んでいくことになるはずです。そうした過程それ自体が、「学問」を皆さんの知恵なり知識として血肉化していくために必要なことなのです。

これから皆さんが行おうとする学問の世界、さらに言えば、やがて皆さんが大学を卒業して入っていく社会は、このように「正解」のない問題への取り組みを迫られることが少なからずあります。とりわけ、いまの時代というものが大きな変化にさらされ、次の着地点を一生懸命探し求めている状況にあります。そういう時代には、すでにある「正解」を求めるのではなく、「正解」を新しく生み出していく姿勢が求められます。

この四月から、東京大学では、「FOREST2015」という行動シナリオが動き出しています。これは、二〇一五年三月に至る私の任期中に、どのような東京大学のあり方を目指し何を行おうとしているのかを示すために作成したものです。東京大学という存在は、国民から委ねられた知の資源を最大限に活用し、社会の幅広い人々と手を携えながら未来の社会に対する公共的な責任を担っていく役割を期待されています。そうした自覚を背景として記述されている、この行動シナリオ冒頭の文章を、少し長くなりますが引用しておきます。

「二一世紀という新たな時代の輪郭が次第に形作られつつあります。グローバル化が進む中で、民族紛争やテロ事件の頻発、経済格差の拡大、地球温暖化など、安全や豊かさへの脅威が増大する一方、文化、環境、医療、食糧など多くの領域で、国際的な視野と協調のもとに持続可能な人類社会を形成していこうとする動きが急速に強まっています。未来を見通しにくい不確実性の下、社会の安定的な発展と成熟をいかに実現していくかということが、時代の課題です。

こうした時代は、大学の存在意義と社会的責任が試される時でもあります。近年の地球的な規模での危機は、それを克服するための科学・技術や思想など、知が有する公共的な役割への関心を高めました。大学こそ、このような知の公共性のもっとも重要な担い手であり、知の創造すなわち『研究』と、知の批判的継承にもとづく人の育成すなわち『教育』とを通じて、より豊かで安定した社会の構築のために果たすべき大学の役割が、ますます重要なものとなっています。その憲章において、東京大学が『世界的な水準での学問研究の牽引力』であるとともに『公正な社会の実現、科学・技術の進歩と文化の創造に貢献する、世界的視野をもった市民的エリートが育つ場であることをあらためて目指す』と掲げた理念は、今日においてこそ試されています。」

この文章は、東京大学の役割について述べたものですが、これは当然に、東京大学の学生であり、また卒業生ともなっていく、皆さん個々人に対する役割の期待でもあります。ここで述べているように、いまは、「未来を見通しにくい不確実性」の高い時代ですが、それは別の言い方をすれば、皆さん自身が主体的に次の時代を創っていくチャンスでもあるということです。東京大学は、その研究を通じて次の時代を作っていくとともに、皆さんへの教育を通じて、次の時代を担う人材を育てていきたいと考えています。しっかりした教養や専門知識の涵養にくわえて討議力の養成や国際化への対応などを積極的に行おうとしているのもそのあらわれです。そうした環境を皆さんが十分に活用してくれることを願っています。

コラム

「総長賞」の学生たち

東京大学には「総長賞」という学生表彰制度がある。学生表彰と言えば、「銀時計」が有名である。その歴史は一八九九年（明治三二年）に遡り、各学部の優等生に対して原則として天皇臨席の場で、下賜されたものである。この制度は、一九一八年（大正七年）まで続いて、合計三二三名が選ばれている。ちなみに、この銀時計の下賜という表彰のスタイルは、もともと陸軍士官学校等の軍学校で行われていたものである。いまの「総長賞」は、東京大学が二〇〇二年（平成一四年）に法人化された時から、新たに始まったものである。その趣旨の説明はこうなっている。すなわち、「本学の学生を対象として、学業、課外活動、各種社会活動、大学間の国際交流等の各分野において、『優れた評価を受けた』『優秀な成績を修めた』『本学の名誉を高めた』などの顕著な功績のあった個人又は団体に、総長が表彰を行う」、と。現在、表彰は秋と春の二回で、秋は課外活動、スポーツ、社会活動などで成果を収めたものが対象、春は学業における優秀者が対象となっている。この「学業優秀者」という場合に、試験のスコアだけでなく、学問の新しい地平を切り開くような卒業論文や大学院での研究成果が、数多く対象とされているところが素晴らしい。

これらの受賞者に贈られるのは、賞状と、副賞として、銀ならぬ金色の、銀杏（言うまでもなく東大のシンボルである）を立体的に象《かたど》ったペーパー・ウェイトである。これまでの受賞者の一覧は、東大のサイトの中で見ることができるが、最近の秋の受賞では、半世紀にわたる乗鞍での子どもたちへのサマースクール活動、ユーラシア大陸の自転車による単独横断などもある。

対象となった課外活動等に共通しているのは、その成し遂げた結果や成績の素晴らしさはもちろんであるが、それだけではない。一つは、その実現にあたって周到な準備をしていることであり、ただ無鉄砲に挑戦をしたというものではないことである。もう一つは、活動の過程や成果をいろいろな形で、他の人びとと共有できるような努力をしていることである。将棋やレゴブロック作品の成果で受賞した学生は、その社会的・国際的な普及交流活動も行っている。

私が「タフな学生に」、としきりに言っているので、最近の受賞対象者の審査では、この点も審査基準に読み込んでいただいているようであるが、学生たちは、ほっておいても実はなかなか「タフ」である。総長賞の授与式での挨拶で、私は、「皆さんのすごいことは分かった。どんどん他の学生も巻き込んでいってほしい」と希望を述べた。「タフ」というのがもはや総長賞の基準として役立たないくらい、多くの学生が「タフ」になってほしいと思う。

ちなみに、総長から手渡しをするこのほかの賞の中に、「稷門《しょくもん》賞」というものがある。こちらは、学外の方が対象である。「稷門」という、読むのさえ難しい門の由来は何なのか。これは、中国の戦国時代の斉《せい》の首都の城門の名前で……、と深い謂われがある（一九二頁参照）。こちらは、「私財の寄付、ボランティア活動及び援助、寄附講座、寄附研究部門等により、本学の活動の発展に大きく貢献した個人、法人又は団体に対し、感謝の意を表すため」設けられている制度であるが、建物の寄付や寄付講座の設置などとともに、附属病院での外来患者さんへの案内やサポート、また総合研究博物館での展示の説明や案内といった、ボランティア活動にも差し上げることが出来ているのは、とても嬉しく思う。

V

大学のグローバル化

今日のように、社会や生活のあらゆる場面で急速に国際化が進んでいく時代において、大学のグローバル化は、待ったなしの課題です。グローバル化の意味は、国際化時代への対応力とともに変化への対応力の育成というところにあります。東京大学において、研究の分野では国際交流はすでに日常化しています。これから重要なのは、教育のいっそうのグローバル化です。これは、「タフな東大生」の育成にもかかわるテーマであり、『行動シナリオ』の中でも最重点項目の一つとして取り上げています。

ここには、このテーマにかかわる基本的な考え方に触れた、入学式の式辞、講演などを収めました。

国境なき東大生

二〇一〇年四月一二日
平成二二年度学部入学式式辞

東京大学に入学なさった皆さん、おめでとうございます。東京大学の教職員を代表してお祝いを申し上げます。これから皆さんが、この大学のキャンパスで、充実した学生生活をお送りになることを願っています。そして、また、皆さんがいま、こうしてここにいることを可能にして下さった、皆さんのご家族はじめご関係の皆さまにも、心からお祝いを申し上げたいと思います。

今年の学部入学者は三一六三名です。その内訳は、いわゆる文系の皆さんが一三一〇名、そして理系の皆さんが一八五三名となります。また、後期日程での合格者は、九八名です。男性と女性の割合は、およそ四対一、また、留学生の数は四六名です。これだけの多くの数の皆さんに、長い歴史と伝統を持つ東京大学の、もっとも若々しい力として、これから活躍いただくことになります。

東京大学については、皆さんはすでにいろいろなことを知っていると思いますが、この機会に改めて、これから皆さんが、その中で少なくとも四年間を過ごすことになるであろう、東京大学という組織の全体像を、簡単にお話しておこうと思います。

東京大学の教員は、およそ四〇〇〇名近くいます。また、事務系・技術系の職員は約二〇〇〇名、そして在籍している学生の数は、およそ二万八〇〇〇名で、学部学生の数と大学院学生の数が、ほぼ半々という状況です。東京大学の主なキャンパスは、本郷と駒場、そして柏の三つですが、さまざまな実験施設や観測施設、演習林などが、北海道から鹿児島まで、日本全国に存在しています。さらに海外にも、各国の大学や研究機関との協力によって、何十もの研究の拠点があります。皆さんが旅行などをした時に、思いがけないところで東京大学の表札に出会うことがあるかもしれません。東京大学では、このように、たくさんの教職員や学生が、日本だけでなく世界のさまざまな場所で、人間の存在や生命現象の仕組み、そして、宇宙や物質の成り立ちに対する根源的な研究、また、人々の社会生活を支える科学技術の開拓、あるいは社会的な制度や理論の構築など、幅広く多様な学術研究に携わっています。そして、それらの豊かで高度な研究を基盤として、未来の社会を担うべき人材が育成されています。

この人材育成、つまり教育の内容については、カリキュラムの改善をはじめ、東京大学ではさまざまな努力を重ねてきました。学術の確かな基盤をしっかりと身につける専門教育の高い水準とともに、教養学部で行われているリベラル・アーツ教育は、東京大学の大きな特徴です。「知」の大きな体系や構造を見せる「学術俯瞰講義」、また、新しい課題にこたえる学部横断型の教育プログラムといったものも実施されています。また、こうした授業そのもののほかに、奨学制度やキャリアサポートの充実、さらに学生相談体制の整備なども、大学として近年とくに力を入れてきているところです。このような教育環境を整えることによって、皆さんが持っている素晴らしい能力が、この東京大学において、さらに大きく花開くことができるように、引き続き力を注いでいきたいと考えています。

皆さんが大学に入って、戸惑うことは少なからずあると思います。授業時間の長さや授業のスタイルに、最初は慣れない感じを受けることでしょう。また、選択できる授業科目の幅の広さ、多彩さから、授業ごとに変わる教室間の移動距離などまで、高校時代とは大きく異なる環境に出会うことも多いと思います。それは、私自身がいまから四〇年あまり前に皆さんと同じように入学した当初に、感じたことでもあります。それは一種のカルチャー・ショックのようなものでしたが、振り返るといろいろなことを思い出します。日々の生活上のことはさておき、「学問との出会い」ということで言えば、印象に残っていることが、二つあります。

一つは、授業で「答え」というものをなかなか教えてくれないなあ、ということでした。大学の授業の中では、概念の定義や論理の組立て、あるいは研究の進め方などをいろいろ学びますが、「正解」というのは、必ずしもすぐには出てきません。これが一つ、私にとって大きな戸惑いでした。このことは、「『正解』に囚われない知性を」、というタイトルで、すでに皆さんに届いているはずの『教養学部報』

にも記しておきました。ここでは繰り返しませんが、学問の世界では、そう簡単に「正解」というところには到達できないような問題や、「正解」がたくさんある問題、あるいは、そもそも「正解」という観念がないような問題も少なくありません。それは、これまでの皆さんの受験勉強とは、大きく違うところです。大学の教育の中では、むしろ、「答え」を求めていくプロセス、そのプロセスの中で鍛えられる力が大切なのだ、ということが理解できるまで、かなりの時間がかかったような記憶があります。

もう一つ、「学問との出会い」ということで印象に残っているのは、「客観性」という言葉です。皆さんはどうか分かりませんが、私は「客観性」という言葉に、受験勉強をやっている間はあまり出会ったことがありませんでした。これは、問題に「正解」がある、ということと裏腹ともいえるのですが、受験勉強で学ぶことは、基本的にはすべて「客観性」があるもの、少なくともそう想定されているものであったはずです。その意味では、そもそも教科書に書いてあることに「客観性」があるかどうか、ということを考える余地は、ありませんでした。ですから、大学に入って、知識や認識の「客観性」が問題にされるということ自体に、とても新鮮な印象を持ちました。

この「客観性」という言葉は、記憶をたどると、一九世紀末から二〇世紀にかけてドイツで活躍した、社会学者であり経済学者でもあったマックス・ヴェーバーの理論が取り上げられた授業の中で、出てきたように思います。つまり、科学的に事実を確定ないし整序すること、これが「客観性」ということにかかわりますが、そのことと、いかに行為すべきかという実践的な価値判断とを、はっきり区別すべきである、とする考え方がそれでした。こうした視点が、当時の私にとっては、とても目新しく感じられました。

もっとも、実は、「客観性」をめぐる驚きは、それだけではありませんでした。しばらく勉強しているうちに、「客観性」という議論自体必ずしも価値から自由なものではない、という話に出くわしたのです。このあたりになってくると議論がまだどんどん展開していきますが、ここでは、皆さんと同じ年齢の頃の私の驚きを話すだけにとどめておきたいと思います。

さて、このように、大学という、これまでとはかなり異なる世界に入ってきた皆さんですが、その大学を取り巻く環境、そして皆さんを取り巻く環境は、いま、大きな変動期にあります。経済の不安定化や格差の問題、少子高齢化現象の進行、地球温暖化に代表されるサステイナビリティをめぐる課題、国際社会における力のバランスの変化や安全保障をめぐる問題、こういったことが一挙に噴き出しているのが、いまの時代です。そして、また、こうした課題を構成している要素が複雑に錯綜していたり、あるいは、一つの国の枠組みだけでは解決できない事象も多いことが、いまの時代の先行きを見えにくくしています。

こうした変化の時代、複雑な課題が数多くある時代には、人々の生き方に何が求められるのでしょうか。それは、従来のやり方をそのままただ踏襲していけばよいといった、慣習的な姿勢ではありません。

新しい課題に、とにかくチャレンジをし、自分自身でしっかりと考えて方向を見定めていくしかありません。変化を前に動揺するのではなく、変化を楽しみ、変化を活力にできるような力が求められます。これからの教育の中で、東京大学が皆さんに身につけてもらいたいと考えているのは、そのような力です。皆さんに今日お配りしている資料の中に、『東京大学の行動シナリオ FOREST2015』というものを特集した『学内広報』の冊子が入っています。そこに、こうした変化の時代に東京大学がどのような教育にあたっての基本的な指針を掲げていますが、その重要な柱として、東京大学がどのような教育を行おうとしているか、ということについて、「真の教養を備えたタフな学生」という言葉で、考え方と具体的な取り組みが記されています。

東京大学は皆さんに、何よりも、深い専門的知識とともに幅広い教養の知識を学んでもらおうと考えています。この両者の組み合わせが、皆さんの視野と応用力を広げ、新しい時代に確実に、そして柔軟に取り組んでいく力の基盤となります。同時に、そうした知識そのものとともに、知識を現実の行動に移していく力、新たな知識を生み出していく力も、しっかりと育てていきたいと考えています。

こうした皆さんのたくましい力を育てるために、東京大学では、討議力の養成をはじめとして、いろいろな試みを始めています。その一つとしてとりわけ重視しているのが、「国際化」の推進という目標です。

もともと大学という場、さらに言えば学問という分野は、社会一般の動きに先駆けて国際化が進んでいました。それは、遡れば、遣隋使や遣唐使の時代にまでも至るのでしょうが、近代の日本を見ても、海外からの知識の移入が積極的に行われることによって、日本の大学や学問が大きく成長し、社会の発展の基盤となってきました。このように、国際化というのは、とりわけ近代日本の学問にとって一貫して本質的な課題であり続けたわけですが、最近の国際化のポイントは、新しい局面に移っています。それは、一つには、知識の移入だけではなく発信をするということです。すでに、自然科学系をはじめとして、高度な水準の研究成果が東京大学から世界に向けて発信されており、激しい国際競争も行われています。また、人文社会系の分野での国際的な発信や交流も、広がってきています。さらに、多くのすぐれた留学生の皆さんを受け入れて、東京大学で、培われてきた知識を学んだ人材が、世界中で活躍するようになっています。

ここで強調しておきたいのは、「国際化」ということが持つさらなる意味合いです。それは、大学の国際化が進められていく中で、皆さんが、自分とは異なった考え方や発想、異なった行動様式や価値観と触れあい、それらと絡み合っていく機会を日常的に持つことによって、新しい発想を生み出し、また変化する環境に柔軟に対応して行動する力を、身につけていくことができるはずだ、ということです。

こうした考え方を踏まえて、これからの時代を担う皆さんに期待したいのは、「国境なき東大生」となってほしいということです。つまり、日本という国に閉じこもらず、精神面でも行動面でも、国境というものにとらわれずに、知識と経験、活動と交流を自由に広げてもらいたいということです。

この「国境なき東大生」というのは、皆さんにたんに国際性をもってほしいということとは違います。すなわち、外国語が話せる、海外でコミュニケーションが出来る、世界の出来事が分かるというだけではなくて、国際的な経験を通じて、自分が知らなかった考え方や発想、自分とは違う行動様式や価値観と積極的にぶつかり合い、その多様さを自らのうちに取り込み消化していく、そして、そうしたプロセスを通じて自らのたくましさと柔軟性を鍛えていく、ということです。そうした力をベースにして、物事を多様な角度から捉え、変化をおそれずに行動できる人間として、成長してもらいたいと考えています。

また、ここでは、かつてドイツの哲学者カントが「永遠平和」を論じる中で述べていたような、「世界市民」的なことまで言っているのでもありません。人類の共通性や普遍性に着目する理念は素晴らしいのですが、そこに一足飛びに至る前に、まずは異質なるものとの緊張をはっきり自覚して、それを積極的に自分の力として取り込んでいけるようなプロセスを、皆さんに経験してもらいたいのです。自らが生まれ育った社会がもっている価値観や思考の豊かさを存分に生かしつつ、それらを、世界のさまざまな地域や人びとが育んできた多様な価値や考え方と絡み合わせる経験をしてもらいたいと思います。そのための機会を皆さんに提供する「国際化」の仕組みを、東京大学ではさらに充実させていきたいと考えています。

いま「国境なき東大生」について語る時に、文字通り国と国との境をイメージしながらお話しました。しかし、国境というのは、それを一般化すれば、異質なものとの境界ということです。国境にとらわれないという感覚は、たんに国と国との差異ということだけでなく、皆さんが、すぐ身の回りにも存在しているさまざまな境界、目に見えない境界をも自由に飛び越え、差異を我がものとしながら、新しい視点や発想を生み出していく力につながるはずです。「国境なき東大生」への期待には、そのような、より大きな思いも込めています。このようにして培われた力が、この変化の時代を乗り切り、次の新しい時代を創っていく力になると信じています。

さて、最後になりましたが、今日この場にお越しいただいている、ご家族の皆さまにも、一言申し上げておきたいと思います。

お子さんが大学に入ると、親離れ、子離れをしなければいけない、ということがよく言われます。しかし、私は、お子さんの大学への入学は、ただたんに「離れる」ということではなく、親子の間で新しい大人の関係が作られるきっかけであると考えています。さきほど「国境なき東大生」という話をしましたが、お子さんたちは、これから広大な学問の世界の中で、多くの経験を重ねていくはずです。そこには、新しい知識もあれば、新しい緊張もあり、新しい戸惑いもあります。ご家族の皆さまには、そうした新鮮さに満ちた中で大きく成長していくお子さんと、大学生活の話を共にしながら、さらに知的に豊かな、一段と質の高い、親と子の関係を築いていただければと願っています。そして、そうした会話の際には、授業のことや日々の生活のこととともに、大人として守るべきルールについても話し合っていただければと思います。薬物の乱用やその他の社会的ルールの逸脱によって、せっかく入学した大学を去らなければならないような学生が、皆さんの中から出るとすれば、それは、とても悲しく残念なことです。そうしたことが決して起こらないように、大学としても皆さんに注意を促していきますが、ご家庭でも折に触れ、お話いただく機会をもっていただければと思います。

東京大学が提供する知的に豊かな環境は、お子さんの成長に寄与するだけでなく、お子さんとの会話を通じて、ご家族の皆さまにとっても大きな刺激となるはずです。また、東京大学は、春と秋の公開講座やさまざまな公開のシンポジウムなどによって、大学の知と社会の知との交流を図っていますから、大学の活動に直接にも接していただければと思います。そうした機会を通じて、今日ここに保護者としておいでになっている皆さま方も、東京大学という広大な知の共同体の一員でいらっしゃるということになります。これから、ぜひそのようなお気持で、東京大学の教育活動、研究活動をご覧いただき、そして、ご支援をいただければと思います。

私は日ごろより、東京大学は「世界を担う知の拠点」であるべきだと申しております。知の創造と教育、社会との連携を通じて、教員や職員が、そうした役割を担っていくべきことは当然ですが、学生の皆さんにも「国境なき東大生」として、日本の未来、世界の未来に対する公共的な責任を果たしていく、東京大学の活動の一翼を担っていただきたいと考えています。今日ここにいる新入生の皆さんが、こうした東京大学の使命を自覚しつつ、仲間に入って下さることに、改めて歓迎の気持ちをお伝えして、式辞といたします。

コラム

ガラスの天井

ミュンヘン大学に留学していた若い頃、一人の女子学生に、会話レッスンのアルバイトを頼んだ。ドイツ語の法律論文はずいぶん読んでいたが、日常会話となると勝手が違う。また、ドイツの大学の学生生活もいろいろ知りたいなと思った。

その学生は法学部で学んでいた。何気なく、法学部での女子学生の割合を尋ねて、その答えに驚いた。学生の半分くらいいると言う。とまどいながら理由を尋ねた私に、その学生は、「法律は身体的な力のいる仕事ではない、概念や論理がしっかり出来ればよい、法律の仕事は女性に向いている」と答えた。「法律はオトコ社会の仕事」と先入観を持っていた私には、かなりショックだった。

それにひきかえ、東大の学部の女子学生の割合がいまだに二割弱というのは、なかなか深刻な問題である。海外の大学の学長にこの数字を言うと、「公正な試験をしているのか?」と冗談まじりで返される。そして、だいたい、「どうしてなんだ?」と追撃が来る。

この答えは何とも難しい。よく使うのは、「ガラスの天井」という言葉である。つまり、目に見えない形での社会的制約が事実上存在しているということであって、「東大なんかに行くと結婚できなくなる」、「女の子だから、そこまで無理しなくても」などなどの、社会心理的な制約である。研究者の世界にもこうしたガラスの天井があるのではないか、という話はよく出てくる。女性の研究者を増やすべく、研究室の環境改善や保育所の増設などいろいろ手を尽くしているが、この目に見えない敵はなかなか手ごわい。

ここで言いたいのは、私が海外での生活の際に、この「ガラスの天井」に気づかされた、ということである。私は、外国での経験をすることの意味は、異質なものとの触れあい、多様性との格闘にあるとしばしば言ってきているが、ガラスの天井に気づく機会というのも国際化の効用だろう。自分、あるいは周囲の人が本当に能力を発揮することを、目に見えない形で妨げているバリア――ジェンダー、人種、あるいは出身の地域や階層など――があるかもしれない。こうしたガラスの天井に気づく機会とともに、その天井を自分のためであれ人のためであれ、壊していこうとする力も、国際経験の中から生まれてくるのだと思う。

グローバル化と高等教育の挑戦

二〇一〇年六月二五日
韓国国際交流財団フォーラム講演

おはようございます。今朝は、韓国の各界を代表する皆様方の前で講演を行う機会をいただいたことを、まことに光栄に思います。

これから、「グローバル化と高等教育の挑戦」というテーマでお話し申し上げたいと思いますが、それに先だって、このたび「現代韓国研究センター」の設立のための寄付をいただいた韓国国際交流財団（Korea Foundation）に、心から感謝を申し上げます。このセンターは、日本における韓国に関する研究の水準をいっそう高めることになるはずです。とりわけ現代韓国社会に対する理解を深め、さらに韓国と日本との間の相互理解と相互協力を発展させることに、大きな貢献を果たしていくものと確信しています。

私たちの東京大学では、韓国に関して、多くの研究者がおり、これまで膨大な研究が積み重ねられてきています。また、韓国と日本との間に研究者の往来も多く、留学生もたくさんいます。私自身も、韓国からの留学生を育ててきましたし、多くの素晴らしい研究者の友人を、この国に持っています。また、近年の日本におけるいわゆる「韓流」ブームは、韓国の現代社会が持つ新しい魅力を、研究者の間だけでなく一般の日本人にも広く伝えてくれました。しかし、組織性と体系性、また現代性という点で、韓国にかかわる研究の体制は、残念ながら十分なものではありませんでした。このたびの「現代韓国研究センター」の設置が、これからの韓国と日本との間のいっそう豊かな学術交流の基盤となるとともに、知識だけでなく、韓国と日本との間の、いわば魂の交流をも促すことになることを、心より期待しています。

さて、今日、韓国も日本も、国際化、グローバル化の大きなうねりの中に置かれています。いまの時代は、社会の一部分だけが国際社会とかかわりを持つという状況ではなく、日常生活を含めて、社会のあらゆる部分が、私たちが必ずしも十分に意識しないうちに、他の国々と深い関係を、抜きがたく持つようになってきています。そうした時代において、社会のシステムや人びとの意識を、国際社会の激しく複雑な動きに対応できるように変化させていくことは、どの国にとっても重要な課題です。

大学のあり方、高等教育もその例外ではありません。今日の高等教育は、国際化、グローバル化に積極的に対応して、さまざまな新しい試みに挑戦していくことを求められています。ごく最近、欧米のいくつかの大学関係者と話をする機会がありましたが、どこの大学でもグローバル化ということが大きな話題になっていました。たとえば、ドイツの大学は、大学間の伝統的なバランスと国際競争力の重点的強化とのギャップや、各大学の歴史的な特徴とヨーロッパ圏でのボローニャプロセスによる学修システムとの調整に苦慮しています。また、アメリカの大学では、今後も世界の才能を惹きつけ続ける経済力への不安や、後ほども触れるリベラル・アーツ教育の目的としての市民性（citizenship）の涵養について、国際化の進展を考慮して再定義する必要性、などが語られていました。

今日における高等教育のグローバル化という課題は、これまでのように、留学生をたくさん外国の大学に送り出したり、あるいは受け入れたりしていれば国際化である、あるいは、研究者が外国との間で頻繁に往来していれば国際化である、といった単純な図式だけで描くことは出来ません。グローバル化の動きに対応して高等教育の仕組みを見直していくと同時に、高等教育の理念そのものを再検討していく、あるいは、国際化、グローバル化の意味そのものを、根本から考えてみる必要がある時代であると、私は考えています。もちろん、高等教育とグローバル化との関連が論じられる時の焦点は、いまドイツやアメリカの例でも見たように、国によって異なります。韓国と日本との間でも異なるのですが、ただ、アジアにあって英語を母国語とせず、また天然資源の限られた国土面積も小さな国であり、そして比較的に均質的な文化を持っている国として、高等教育におけるグローバル化をどのように扱っていくのか、共通する課題もあるように思います。そうした共通する課題と考えられるもののいくつかについて、今日はお話したいと思います。

グローバル化時代における大学の課題の一つは、国際化をすすめるにあたって、「組織化」を求められているということです。つまり、これまでの大学の国際化は、どちらかと言えば、学生にしても研究者にしても、個人の努力に大きく依存してきました。しかし、これからは、大学の組織としての取り組みを強化しなければいけないと考えています。

知を求める者の本能は、本質的に国境を越えるものです。東京大学の教員も、世界の多くの大学の研究者と交流しながら、国際社会という場でのびのびと仕事をしています。ただ、それは、個人の欲求や資質、人間関係にしばしば左右されます。その教員が東京大学からいなくなれば、大学間の組織としての国際交流は途絶えてしまうということも少なくありませんでした。しかし、今日では、そうした交流を持続的なものにするとともに、交流する教員の負担を軽減し合理的なものとするために、組織的なサポートが不可欠になっています。そして、大学間の組織的な関係作りの中では、とくに大きな施設設備を必要とする研究を中心に、国境を越えて研究資源を共用化するということも重要な課題となります。また、今日、サステイナビリティやグローバル・ヘルスなど、世界の多くの大学が、お互いに手を携えて取り組む必要があるテーマが増えてきています。いま、東京大学が事務局となって、G８／G20大学サミットという会議を毎年開催していますが、そこでは、こうしたテーマについて各大学長が共同の提言を行っています。

さらに、教育面でも、組織的な取り組みが必要な時代です。たんに個人が留学して勝手に勉強をしてくるというレベルから、今日では、大学間の単位互換やダブル・ディグリー、ジョイント・ディグリーなどをどのように推進していくのか、議論が盛んになっています。これは、国境を越えた大学の質保証という大きな組織的課題への取り組みなくしては、前進させることが困難なテーマです。

いま、最初の話題として、グローバル化に挑戦する大学の組織的な課題の一端に触れました。こうした組織的な取り組みとともに、いわば理念的な面での考え方の整理も求められています。次に、そうした理念的なテーマを少しお話していきたいと思います。

大学にとって「国際化」は、必ずしも目新しい課題ではありません。韓国や日本の大学人は、「国際化」という言葉を、ずいぶん以前から用いてきたように思います。私たちは、なぜこれまで、「国際化」ということを声高に言ってきたのでしょうか？　この一世紀を振り返ってみると、そこには、欧米の「進歩」に対する憧れがあったことは間違いありません。私たちは、欧米のような先進国にはよりすぐれた知識、制度や技術があると考えて、それらを自分たちの国にいち早く輸入して、スピーディな近代化を図ろうとしてきました。いわゆるキャッチ・アップの発想です。

キャッチ・アップの発想は時代の運命です。それによって、他国において練り上げられた知識を、効率よく実践に用いることが出来ます。同時に、そこには、じっくりと自分たちで知識を創造していく余裕を見つけにくいというリスクがあります。もちろん、とくに能力に恵まれた人は、キャッチ・アップに飽きたらずに、さらに優れた創造的な成果を生み出してきたことは言うまでもありません。韓国にも日本にも、そうした素晴らしい人たちが少なからず存在します。しかし、急速に、そして複雑に変化していく現代において、こうした創造性の生み出しを、ただ個人の優れた能力にだけ依存しているのでは、十分ではないように思えます。もっと多くの学生や研究者が創造性を培えるようなチャンスを、いわばシステムとして構築していく必要が、現代において、とりわけ韓国や日本のように学問的に成熟してきた国においては、あるように思います。そうした取り組みを強化するためにも、改めて、今日における高等教育の国際化の意味、理念をしっかりと考えておかなければなりません。

それを考えていく時の核心は、一言で言えば、「国際化」という観念と「多様性」という観念とを繋げることにあるように思えます。その繋がりを意識してこそ、また、その繋がりを生かしてこそ、国際化が、たんなるキャッチ・アップから次の創造的な段階に展開していくことが出来ると考えています。

国際化というのは、たんなる言語的なコミュニケーションの問題や、新しい知識との出会いだけではありません。国際化の本質は、異質な価値、異質な発想、異質な生活習慣や社会的仕組みとの格闘です。自分がこれまで慣れ親しんできたものとは異なる、価値や発想や習慣などとぶつかる。その中で、新しいものを学ぶと同時に、そうした異質なものと精神的に、そして知的に格闘をする。それは、一言で言えば、多様性との格闘です。その中からはじめて、新しいものに果敢にチャレンジしていく力、そして創造性を生み出す力が形成されてくるのだと考えています。まさにそのことが、このグローバル化の時代における国際化の意味であり、また私が現在、東京大学の国際化を推進している核心にある考え方です。

よく指摘されることですが、そうした仕組みを社会的に構造化したのが、アメリカの社会であり、その構造が、アメリカ社会の強さと創造力と魅力を担保する大きな要素となっています。韓国や日本の社会は、さきほども少し触れましたように、比較的に言えば、均質性を特徴とする社会です。そして、そうした特徴は、多くの人々が一斉に同じ方向を向いて、一直線に欧米にキャッチ・アップし、急速な社会発展を遂げることができたという成果に繋がったことは、否定できないように思います。しかし、グローバル化が進むこれからの時代に、それだけでは十分ではない、そうした固有の特徴に国際的な多様性との格闘を組み合わせていくことが決定的に重要であると考えています。そして、そこに、韓国や日本の大学のチャンスがあると思います。

このように考えてきた時に、国際化というのは、さきほども言いましたように、英語でコミュニケーションが出来る、というだけではありません。自分とは異質な価値や考え方や習慣を、そのままに受け入れる、あるいは真似をするということは、ある意味では簡単です。しかし、重要なのは、そうしたものと精神的にも知的にも格闘をすること、そのプロセスを通じて、そのように異質なものを自分の力として取り込んでいくということです。そうした格闘をする前提として、当然に、自らが依ってきた価値や考え方や習慣というものを改めて確認してみることも、必要になります。また、こうした国際化にあたって、英語という共通言語の果たす役割の大きさは否定できませんが、同時に、さまざまな言語に活躍のチャンスが与えられるべきであろうと思います。言語は、たんにコミュニケーションのツールであるだけでなく、それぞれの国や社会の文化や思想・制度の一部です。国際化が多様化に繋がるためには、さまざまな言語に対して、多様性の形成に貢献する機会が与えられる必要があります。

グローバルな多様性との格闘によって培われる力は、ただ、国際的な活躍の場面でだけ求められるわけではありません。さきにお話したように、グローバル化の時代における私たちの生活は、さまざまな場面でますます深く世界とのかかわりをもつようになっていますから、そうした力は、国際的な文脈の中にある国内の身近な課題を解決するためにも発揮されるはずです。

さらに言えば、現代は私たちが生きている環境が大きく変化している時代です。しばしば不連続性にも特徴づけられる変化の中で、これまでの価値や発想や習慣にとらわれずに、変化する環境に順応できる力、変化に対応しながら新しい知恵を生み出していく力が求められています。多様性は、その変化への対応のために、私たちの能力に多くの引き出しを準備することを助けてくれます。ちょうど、李朝の家具にある「百味箪笥《ひゃくみだんす》」を用意するようなものです。多様性は、変化の時代の友に他なりません。

このように、国際化を通じて多様性と格闘することの大切さを再確認していくということが、グローバル化の時代において重要です。そこにこそ、研究者が外国の研究者と交流し、あるいは学生が留学して学ぶ、今日的な意味があると考えています。このことが、グローバル化の時代における高等教育の挑戦の核心です。

では、逆に考えて、こうした多様性は、国際化を通じてしか触れ得ないものなのでしょうか。ここで、私は、教養教育（リベラル・アーツ教育）の意義を思い起こしてみたいと思います。

今日、日本の国立大学において議論されているテーマの一つに、教養教育の再評価ということがあります。教養教育は、日本では、もともとは、第二次世界大戦直後まで存在した旧制高校の教育理念も引き継ぎつつ、同時に、アメリカ型のリベラル・アーツの考え方を受容したものでした。多くの国立大学で、教養学部あるいは教養部が設置されましたが、その後一九九〇年代において、一般教育科目と専門教育科目との科目区分の廃止など学部教育における大学の裁量拡大の動きの中で、その多くが廃止されました。東京大学は、こうした流れに抗して、教養学部を維持し続けた数少ない大学の一つです。

“Early Exposure, Late Specialization” という理念の上に立って、東京大学に入学した学生は、最初の二年間を教養学部で過ごし、三年目から専門の学部に進学します。

一般にリベラル・アーツ教育の意義については、一方では、善き市民を作るという考え方があり、他方では、専門的な学習の方法論の基礎を学ぶという考え方があります。私は、この両者のそれぞれに意味があると考えると同時に、教養というのは多様性の体現であるとも理解しています。すなわち、教養教育の中で学ぶ諸科目は、その幅広さにおいて多様性を示すのみならず、さまざまな外国語を学ぶという点でも多様性にかかわります。また基本となる各科目は、それ自体として、知の歴史的な多様性、空間的な多様性を凝縮したものです。教養教育の中で、それらの科目と真剣に知的格闘を行うことは、バーチャルに歴史経験と国際経験を積むことである、と言っても過言ではないように思います。

こうした考え方に立って、私は総長に就任以来、折に触れて教養教育の重要性を強調してきました。いま東京大学において、国際化の推進のために、主には大学院を中心として英語のみで修了できるコースの拡大に取り組んでいますが、学部レベルでのこうしたコースの新設の先頭に立っているのが教養学部であるという事実は、多様性という共通軸を念頭において考えれば、決して偶然ではないように思います。

このたび、「現代韓国研究センター」が設置されることになる大学院情報学環も、教養学部とはまた別の意味で、多様性と国際性を体現している組織です。そこには、人文科学、社会科学、自然科学にまたがる多様な学問分野から「情報」を軸にして教員が集まり、教育と研究が行われています。また、そこでは、いち早く、“IT Asia”と通称されている、英語のみで修了できる大学院コースも設けられています。このような、多様性と国際性を備えた環境の中で、「現代韓国研究センター」は、グローバル化という時代の与件をしっかりと踏まえながら、その役割を確実に果たしていけるものと信じています。

最後に改めて、韓国国際交流財団にお礼を申し上げて、私の講演を閉じさせていただきます。ありがとうございました。

外国人とぶつかり合え

学術の世界でも国際競争は激しさを増している。こうした中で国際化の推進は東京大学の最優先課題の一つだ。今年三月に発表した今後五年間の「行動シナリオ」では、具体的な目標として、二〇二〇年までに留学生の比率を一二％以上、外国人教員の比率を一〇％以上にすること、一五年までにすべての学生に留学を含む国際的な学習・研究体験を提供すること、などを盛り込んでいる。

当たり前とも言える国際化の重要性を掲げたのは次のようなメッセージを伝えたかったからだ。日本は明治維新以後、お雇い外国人を使ったり、外国の様々な考え方を輸入したりしてきた。日本には外国のものを消化し、しっかりした制度や技術に具体化していけるだけの知的蓄積があった。なまじそれでいけるものだから、逆に自分たちだけでやっていけるという感覚につながった。

だが、もうそれだけではうまくいかない。今後は考え方も慣習も言葉も違ういろいろな人たちとぶつかり合う中で、失敗や試行錯誤を繰り返しながら新しい物を作り出していく必要がある。

二〇一〇年七月八日
読売新聞朝刊「論点」

外国人教員を増やす目的もそこにある。知識を持っているから雇うという発想ではない。海外からの留学生を増やすことも同じ考え方で進めていく必要がある。

ただ、優秀な人材が日本に来るのをためらうことが少なくない。理由はいくつかある。まず生活環境や経済的条件。例えばアメリカほど奨学金や寮がしっかりしていない。社会全体の受け入れ態勢の問題もある。日本に来て勉強しても日本で就職できるとは限らない。このままではまずいと思う。

一方、日本の学生も日本に閉じこもらず、経験や活動を広げていく必要があるが、東大からの海外留学はむしろ減っている。背景には、インターネットを通じて世界の情報が手早く得られるようになったことがある。東大の研究は世界トップ水準の分野が少なくないという事情もある。

また、日本が豊かになったため、外国への憧れがなくなり、あえて海外に行く必要も感じなくなったという一種の自足感があるのだと思う。きれいにまとまった日本の社会からはずれるのが怖いという感覚もあるのかもしれない。

だが、もはや閉じこもってはいられない時代だ。世界といろいろな形でつながりを持つことが個人にも日本にもプラスになる。

今年の入学式では「国境なき東大生」になってほしいと訴えた。行動シナリオでは「国際的な広い視野を有し、行動するタフな人間の育成」を目標に掲げた。それは単に外国語が話せるとか、世界の出来事が分かるというだけではない。国際経験を通じ、異なる考え方や発想、価値観とぶつかり合い、その中でたくましさと柔軟性を鍛えていく。そうして蓄えた力をもとに失敗を恐れず行動できる人間として成長してもらいたい。

日本の活力は「昔の夢よもう一度」では絶対に生まれてこない。高度成長時代は経済的条件や国際的環境に恵まれ、頑張れば将来はもっとよくなるというシンプルで右肩上がりの構造があった。しかし、今後はもまれる中に飛び込んでいく必要がある。失敗と成功を繰り返すこと自体に意味があると考えるべきだ。そうした中で生まれてくる活力こそが次の時代の日本を支える基盤になると思う。

コラム

「最近の学生は……」

つい、「最近の学生は……」と言いかけて、慌てて口をつぐむ。つぐみ切れずに言ってしまうこともある。そろそろ、「最近の若い者は……」と愚痴をこぼす歳になってきたのかと情けなくなる。多くの経験を経て年の功のある年長者が、若い人たちを頼りなく思うことが多いのは、ある意味で当然である。ただ、それを口に出すだけではしょうがない。

私の学生時代は、大学紛争の真っただ中で、大学構内のそこかしこに立て看板が溢れ、ビラ配りやアジ演説、デモ行進が行われていた。新聞でも、学生と機動隊との衝突や労働者のストライキなどの記事も多かった。そういう時代だったのだと思う。それは、日本が高度経済成長を続け社会の歪みがたまっていた転換期であったと同時に、まだまだ社会に変化を主体的に受け入れる可能性があった時代だと思う。そうした粗い時代だからこそ、学生にも自由度が高かった。

ただ、いまは、こうした点では、学生にとってとても生きにくい時代になっている。社会の仕組みが安定し、同時に停滞も始めた。若い人たちが一度職業選択のルートをはずれると戻りにくくなっている。グローバル化など外からどんどん変化を迫られているのに、いまの社会は、私が学生の時代より保守的になっている、守りに入り可塑性がなくなってきている気がする。

これにくわえて、学生たちには、世の中の雰囲気がもたらす心理的な圧力ものしかかっている。金融危機、経済危機、製造業の海外移転など産業の空洞化、少子高齢化、そして政治の世界の不安定化や国際社会における日本の存在感の希薄化など、「明日の日本」について大きな夢を描けなくなってきているという状況がある。こうした状況の中で、学生から「閉塞感」という言葉を聞いた時にドキッとした。若者が言う言葉ではない、いや、若者に言わせる言葉ではない、と。

心理的な圧力ということで言えば、最近の学生はあまり留学しないということなどにかこつけて、「縮み志向」という言葉が若者に向けて使われるのも、唖然とする。「関西弁の東大総長」としては、「あほか、なにゆうとんねん」と言いたくなる。いまの学生の実像を誤解させる、これだけ評論家的な言葉も少ない。

とにかく学生を取り巻く環境が悪い。さきに触れた社会の保守化にくわえ、家庭の経済状態である。東京大学では、学生の家庭の年間所得が四〇〇万円以下の場合は授業料の全額免除を行うという仕組みを設けているが、この間の経済状態の悪化で、免除対象者が、平成二〇年度から二二年度の間だけで、実に三割近くも増えている。こうなると、留学のために飛び出してという余裕は、とてもない。また、就職活動の早期化の問題もある。いまのように就職活動の時期が三年生の秋あたりからとなると、外国にじっくり行っている暇などない。

たしかに、海外に留学する若者は減っている。データを見ると、ピークは二〇〇四年の約八万人、これが最近では六万人台まで落ち込んでいる。このうち米国への留学生は九〇年代の終わりがピークで、いまは四割ほど減って三万人を切っている。海外に出る者も、夏休みを利用した短期留学が多く、半年以上の滞在は減っていると言われる。

こうした事態を前にして、年長者にとって大事なことは、「最近の学生は……」と愚痴をこぼすことではない。「俺のときは……」と自慢することでもない。若者たちが、未来の日本で大きな活躍を出来ることに夢を持ちながら海外に飛び出していけるような社会を作ることこそ、いま必要なことである。目先の「危機」に右往左往して、新しい時代を若者のために用意してやる心の余裕を、年長者が失うことのないように自戒したいと思う。

Ⅵ

知の新たなスタイル

東京大学の教育研究活動は、さまざまな「顔」を持っています。創立以来培われてきた、その伝統的な内容やスタイルは、すでによく知られていますし、それが、東京大学の教育研究の中核となる基盤です。時代の変化に安易に左右されずに、そうした部分を大切にしていくことは、学術的な力の源泉となります。それと同時に、時代の課題や学術の変化を敏感にとらえて、新しい知の内容やスタイルを柔軟に形成していくことも、教育研究に携わる者の重要な使命です。

この章では、こうした新しい試みに取り組もうとする組織のイベントで行った私の挨拶などを、「知の総合」、「知の公開」、「知の共創」という柱にしたがって整理して収めることで、東京大学の学術の最近の動きをお伝えできればと思います。ここで取り上げるのは、そのほんの一部に過ぎませんが、東京大学の新しい挑戦の空気を伝えてくれるはずです。

知の総合

生命科学ネットワーク

二〇〇九年四月二二日
「東京大学の生命科学シンポジウム」挨拶

おはようございます。「東京大学の生命科学シンポジウム」の開催にあたって、ここにおいでいただいている皆さま方に、一言ご挨拶を申し上げます。

今日これから、まる一日を使って行われるこのシンポジウムは、今回で六回目になります。第一回目のシンポジウムは、二〇〇三年の暮に開催されました。当時は、東京大学の有志が懇談会を作って主催していましたが、その後、この懇談会を発展させた「生命科学教育支援ネットワーク」が運営の母体となってきました。そして、今年度からは、この教育支援のネットワークと、もう一つこれまで動いていた生命科学研究のネットワークとが一緒になって、つまり、教育と研究が一体となり、お配りしているパンフレットの主催者の名義にあるように、「東京大学生命科学ネットワーク」として、このシンポジウムの運営を行うこととなりました。つまり、今回のシンポジウムは、東京大学において、教育と研究を総合的に展開する生命科学のネットワークが新たな段階の活動を始める、そういうタイミングでの、記念すべきシンポジウムということになります。

東京大学では、生命科学に関する教育と研究は、実に一六にのぼる学部・研究科や研究所で行われています。これは、今日における生命科学の分野の広がり、別の言い方をすれば、生命科学がいまきわめてチャレンジングな分野になっている、非常に多くの研究者の関心を呼んでいる分野となっている、そういうことの表れにほかなりません。そして、こうした研究がいずれも、国際的にも高い評価を受けている、きわめて水準の高いものであることは、私たちの大きな誇りです。今日のシンポジウムでは、このように、東京大学の多くの場所で行われている優れた研究の中から、それぞれとくに最先端のトピックとなるものを一件ずつ選んで、生命科学の分野における最新の研究の面白さと重要性、そしてその今後の展望について、分かりやすく説明していきたいと考えています。

このシンポジウムには三つの目的があります。

一つには、このシンポジウムは、新学期にあたって、学部の後期課程や大学院に進もうとする皆さんにとっての進学ガイダンスの意味があります。一言で生命科学といっても、かかわる研究の分野は非常に広範です。その中で、どういった研究に学生の皆さんが心惹かれるのか、それを見つける手がかりにし、今後の進路を判断する参考にしていただきたいと思います。

もう一つに、こうした生命科学の分野を横断するシンポジウムは、ふだん特定の専門領域の研究に深く携わっている大学院生や教員にとっても、大いに意味のある催しとなります。専門領域をぎりぎりと掘り進めていく研究は学問の本領ですが、同時に、そうした研究が他の研究との間で、どういう位置関係にあるのか、またどのような関連をもっているのか、今日のシンポジウムのような機会に異なった分野の最新情報に接することは、思いがけない発見や新しい展望をもたらすことになるはずです。

そして、三つ目として、今日のシンポジウムは、大学の外の一般の皆さま方にも、生命科学の最新の成果と可能性について、興味関心をもっていただける機会になるのではないかと考えています。生命科学というものは、生命という人間の存在の核心を対象としているだけに、その研究の最先端に行けば行くほど、私たちから遠ざかるのではなく、むしろ、私たちが「生きている」ということの本質にどんどん近づいていきます。つまり、生命科学の今日の研究は、皆さま方の生命や生活にますます近づいてきているのです。そうした研究の魅力的な展開を、ぜひこの機会に感じ取っていただければと思います。

これまでの生命科学シンポジウムと同様、今回も話題は盛りだくさんです。例えば、ゲノムや生体内のトランスポーター、タンパク質、ペプチド、あるいは骨軟骨などに着目した医薬品開発や医療の最前線、また、動物や植物の仕組み、光合成、味覚、そして脳や神経と行動、進化、環境と微生物といったところまで、非常に多岐にわたります。そこには、生命現象の基本的な仕組みに対する、さまざまな角度からの解明の試みが多彩に行われている様子を読み取ることができます。

これから、こうしたテーマについて、教育と研究という両方の視点に立ちながら、膨大な生命科学の最新のエッセンスを、それぞれ一五分というコンパクトな時間を使って、効率よくご紹介していきたいと思います。このような形で幅広い生命科学分野の最先端についてお話しできるというのは、東京大学という総合大学ならではの試みです。その醍醐味を、今日は一日ゆっくりと味わっていただければと思います。

高齢社会総合研究機構

二〇〇九年五月二六日
「高齢社会総合研究機構」発足シンポジウム挨拶

本日は、たくさんの皆さまに「高齢社会総合研究機構」の発足シンポジウムにお越しいただき、有難うございます。一言皆さまにご挨拶をさせていただければと思います。

あらためて申すまでもなく、ジェロントロジー（老年学）は、今後の日本・世界にとって非常に重要な学問分野です。今世紀半ばに日本は、六五歳以上の人口が四〇%を占めることになりますが、韓国もほぼそれと近い数字になります。また、同時期、ＥＵ圏では三〇％、中国は二五％強と、世界のあちこちで高齢化が進みます。この中で、日本の超高齢化の進展は際立っています。こうした社会状況に対応していくためには、医療・介護はもちろんのこと、さらには、まちづくり・コミュニティづくりというものも重要な鍵となってきます。このことは、のちほど、“Aging in Place”という考え方、つまり、自分が生きてきた場で安心して生涯を過ごせるためには、どういう社会的な仕組みを設ければいいのか、あるいは街づくりをすればいいのか、という視点として、お話申し上げることと思います。

このような幅広い課題に立ち向かうためには、一つの学問分野だけでは十分でなく、医学、看護学、工学、法学、経済学、社会学、心理学など、いわゆる学際的な取り組みが必要になります。そこで、東京大学では三年前に、「ジェロントロジー寄付研究部門」というものを立ち上げました。そして、このテーマにかかわる学内の研究者の発掘、学際的な研究の実施、セミナーや学部横断講義の実施など、さまざまな活動を活発に行ってまいりました。

このような寄付研究部門の活動を踏まえて、このたび四月から新たにスタートしたのが、「高齢社会総合研究機構」という全学的な組織です。この機構の立ち上げにあたっては、厚生労働省の事務次官をお務めになった辻哲夫氏を教授として招聘し、また工学系研究科の鎌田実教授に機構へと転籍いただき、そしてこれまでの寄付研究部門の中心的な牽引役であった秋山弘子教授を引き続き特任教授にお願いするということで、三名の強力な核となる専任教員、そして全学から二〇名を超える兼任教員という構成で、機構がスタートしました。

これから、この研究機構では、福井県と千葉県柏市をフィールドとして研究を推進する計画を、さっそく実施に移していきたいと考えております。福井県とは、知事と機構長との間で協定書を交わし、県下の市町村から提供されるレセプト・データの分析、就労・就農・生きがい作り、そして、移動・交通の研究、在宅医療システムなどの研究を進めていくことにしています。また、柏市とは、公団団地の建て替えにあわせた在宅医療システムの構築、コミュニティの構成、移動・交通の研究などを進めていく予定です。

このような高齢社会総合研究機構の活動は、その社会的な意義はもちろんのこと、学際的な研究として学問的な意義も大変大きく、大学として積極的に支援してまいりたいと考えております。このたびの研究組織の全学機構化がそうした支援の一つですが、さらには補正予算により建物・機器等の整備を行っていくことになっており、また現在、グローバルＣＯＥなどの予算獲得にむけても全力を挙げているところです。高齢社会という問題に対する日本の先駆的な取り組みは、これから同様の社会的課題に取り組まざるを得ない諸外国にとっても、課題解決のモデルとなり、さらには、日本の新しい輸出産業のドライブともなっていく可能性を秘めていると考えています。

今日は、この研究機構の設立記念講演会ということで、その活動の全体にわたってご紹介をさせていただけることと思います。この新しいジェロントロジー分野の発展に、皆さまのご協力とご支援をお願い申し上げて、私からのご挨拶とさせていただきます。

知の公開

東京大学公開講座

二〇一〇年四月九日
「東京大学公開講座」第一一一回「防ぐ」開講挨拶

本日、皆さまには、「東京大学公開講座」にお越しいただき有難うございます。

桜も見ごろを過ぎましたが、外歩きには絶好の時期で、にもかかわらず、土曜日の午後をこの安田講堂においでいただきましたことに、心よりお礼を申し上げます。本日の講義終了後も、まだ幾分は明るさも残っているかと思いますので、お時間がございましたら、大学構内を少し散策いただくのもよいかと思います。今回の公開講座も、たくさんの参加のご希望をいただきました。この安田講堂の収容人数の関係で、かなりの方々にお断りをせざるをえない状況で、会場も満席の状態になっておりますが、窮屈なところはお許し下さい。

すでに何度も参加いただいている皆さまには、今回もいつもと変わりがないスタイルで公開講座を開催していますが、実は、今回から主催者が、これまでの財団法人東京大学綜合研究会から東京大学に変わりました。これは、この財団法人の解散に伴うもので、実質的なところはまったく変わりません。

この財団法人東京大学綜合研究会は、昭和二一年、つまり戦後すぐに設立されたものです。その設立の趣旨は、「学術の理論及び応用の綜合研究を振作《しんさく》」することにより、文化の向上、産業の開発、国民生活の改善に資する、そして、もって、「我が国の再建と世界文明の発展に寄与する」というもので、講演会の実施や公開講座の開催などの活動を行ってきました。以前は、東京大学が国の機関の一部であったことから、公開講座のような社会に向けた活動を柔軟にやりにくいところがあり、その部分をこの財団法人が担ってきました。しかし、東京大学が六年前に国立大学法人となりこうした活動が行いやすくなったこと、また、大学としての成果を社会にご披露することが他にもいろいろな形で行われるようになったことから、所期の目的は達成されたと判断し、この三月末日をもって長い歴史をもつ財団法人を解散して、東京大学本体が公開講座を運営することになったものです。

この機会に、少しだけ、東京大学の公開講座の歴史もあわせて振り返っておきたいと思います。この公開講座の源というのは、財団法人の発足より古く、昭和二〇年一一月に、本学の法学部が独自の企画として、「大学普及講座」というものをスタートさせたことに遡ります。この講座の開講の趣旨として記録に残っている言葉は、さきほどの財団法人東京大学綜合研究会の設立趣旨とかなり似ていて、同じく、終戦直後の当時の、国家再建に向けた高揚した思いを伝えています。すなわち、「今日平和的文化国家建設、民主主義日本建設のためには何よりも国民一般の教養向上が最も望まれる処でありこれら国民啓蒙に対しては大学教授が積極的にあたるべきとの意見の一致をみ、……」、と、こういったものです。この「大学普及講座」が、新たに設置された財団法人東京大学綜合研究会と共同主催の形をとるようになり、全学的に展開されるようになったということです。

そして、この講座の実施方法については、この後にもう一度検討が加えられ、昭和二八年に改めて、正式に「東京大学公開講座」という現在の名称になり、そこから第一回という形になっていると聞いています。今回の公開講座は、第一一二回目ですが、その時点からの計算になります。

少し長いご紹介になりましたが、このような公開講座の歴史をお聞きいただけるのは今回限りということで、お許しいただければと思います。

さて、今回のテーマは、「防ぐ」です。このテーマをめぐって、いつものように、幅広い学問分野にわたる教員たちが、これから五回にわたって、皆さま方にそれぞれの学問の角度から、お話をさせていただきます。皆さまのお手元に、これからの講義の概要を記した小冊子が配られていると思います。パラパラとご覧いただくだけでも、病気、医療にかかわるテーマ、地震や災害、事故に関するもの、さらには、経済や情報、教育に関する話題なども出てきます。改めて、「防ぐ」という視点が、私たちの生活のさまざまな場面にかかわっていることに気づきます。

この「防ぐ」というテーマを私自身も考えながら、ふと、「防ぐ」と「守る」はどう違うのだろうかと思いました。皆さまは、どうお感じでしょうか？「防ぐ」と「守る」の違い……。

この二つの言葉はたしかに重なり合うのですが、私が少し考えて思ったのは、「防ぐ」は外向きに視点がある、「守る」は内向きに視点がある、これは厳密に区別できるわけではなく傾向的なものですが、直観的にそんな感じがします。たとえば、自然環境ということを考えてみますと、「自然を守る」と言う、そして「破壊から防ぐ」と表現します。「防ぐ」というのは、とりわけ外部、外からの害悪に対して目が向いている。これに対して、「守る」というのは、外の害悪から保護すべき内部の価値に視点が置かれているようです。

言葉としては、そのようなことなのですが、ただ、内部の価値を守るためには、外敵の姿をよく知らなければなりません。また、外敵が見えた時にはじめて、内部の価値をしっかりと意識する、といったこともあります。その意味で、実際には、「防ぐ」と「守る」は重なり合っています。そうしたあたりは、皆さま方それぞれに、これから講義をお聞きいただく中で、いろいろお感じのことが出てくるだろうと思います。今回の公開講座は、「守る」ではなく「防ぐ」が主題ですから、どちらかというと外敵に対する捉え方がポイントになるでしょうが、その議論の中でも、つねに、「防ぐ」ことによってどのような価値を守ろうとしているのかという問題提起が見え隠れしていることを、きっとお気づきいただけるのではないかと思います。

私の挨拶は、これくらいにさせていただければと思いますが、東京大学では、この四月から、「FOREST2015」という行動計画をスタートさせました。今後、世界最高水準の研究の推進、タフな東大生の育成、キャンパスの国際化の全面的な推進などを掲げて、学術の新しい課題に果敢に挑戦していくとともに、長い伝統をもつ東京大学ならではの、確固とした学術の基盤的部分も大切にしながら、さらなる展開を図っていきたいと考えています。その成果の一端は、今後も、この公開講座の中で皆さまにお伝えしていくことができると思います。ぜひこれからも皆さまからのご支援、ご鞭撻をいただければ幸いです。

前置きの挨拶が長くなりました。今日はこれから三つの講義が予定されているようですが、それぞれの話題の魅力をどうぞたっぷりとお楽しみいただければと思います。

【東京大学公開講座】

東京大学の公開講座は、毎年、春と秋の土曜日に、本郷キャンパスの安田講堂を使って、それぞれ五回連続で行っています。文字通り広く一般の方々に事前の申込みにより参加をいただいています。東京大学の幅広い学術分野を、分かりやすい講演を通じて概観できる絶好の機会であり、最近のテーマは、「バランス」「成熟」「特異」「水」「防ぐ」「ホネ」といったものです。この公開講座の詳細については、http://www.u-tokyo.ac.jp/gen03/d04_01_01_j.html を参照下さい。

『サライ』八月号（二〇一〇年七月／特集「東京大学を遊ぶ」）
インタビューまとめ—矢島裕紀彦氏

東大の楽しみ方

東京大学では、生涯教育や地域とのつながりを大事にしています。社会人の受け入れも積極的にしていますし、中学・高校生向けのイベントもやっています。

ともかくもまずは、東京大学に来てください。

構内は緑も多いし、歴史を感じさせる建造物もあって、散歩するだけでも気持ちいいですよ。表示板の説明を見ながら歩くのもいいですし、現役の学生が案内する週末のキャンパスツアーを利用すると、より学生と身近なところで、「大学」を味わっていただけるでしょう。学生の側も、いろいろな世代の方と直にふれあうことや説明することで、コミュニケーションの経験になる。いま東京大学では、タフな大学生を育てることを目指しているのですが、コミュニケーション能力を高めることはその第一歩だと思っています。

さらに、知識の持つ重み、厚みにふれていただくには、本郷や駒場にある博物館見学もお薦めです。博物館ではいま、かなりクリエイティブな展示を行っています。これは、大学博物館の特徴で、動物の剝製とか鉱物の塊とか、なかなか絵にはなりにくい学術標本が多いのです。それをどうやって見せていくか、人を惹きつけるような展示の仕方に工夫を凝らしているので、なかなか興味深いものになっていると思います。

イベントも充実しています。とくに、公開講座もぜひ体験していただきたいですね。毎年春と秋の土曜日に行われているのですが、毎回「防ぐ」とか「成熟」とかユニークなテーマを設けて実施しています。東京大学は総合大学なので、そういうテーマでいろいろな分野の専門家を集め、最新の研究成果を踏まえた講義をすることができるのです。

東京大学というと、近寄りがたい印象があるかもしれません。しかし実際には、理工系学部の産学連携の共同研究をはじめとして、多くの教授たちが社会とのつながりを持っています。技術力の強化や国際競争力の強化、産業再生には欠かせないことです。そして、文科系の学部でも、公共政策提言やNPOなどいろいろな形をとりながら、社会との連携をはかっています。

私たちは、こうした社会との連携を通じて、日本や世界の未来に対して、公共的な責任を果たすということが、東京大学の果たす役割のひとつだと考えています。ただ、社会との連携という交流の姿を、もっと表に見せていくことが大事でしょう。私たちは、現在こういうことをしているのだということを、社会により積極的に説明することが求められているのだと思います。

知の世界は広大ですから、その中で大学の果たす役割というのは、東京大学だけに限らず、知識を深化させ、体系化したりすることではないでしょうか。もっと言えば、知識のあり方についてもう一回、見直そう、というようなことも考えています。

今は情報があふれているわけですよね。目の前にあるものだけを見て、本当の知識を大事にしない風潮も生まれがちです。しかし、インターネットの情報とは違う厚みや深い知識、そういうものの価値こそが見直されてきています。東京大学には最先端の知性が結集していますが、一方では実社会の中にも種子は宝の山のように転がっている。それをネットワーク化できないかと考えています。一緒に知識を創っていく「知の共創のプラットフォーム」。そんなものができればいいなと思っているのです。

知識を伝えるのは、一種の「美しいもの」を伝える、そういうことではないでしょうか。もちろん、知って面白い、ためになるということもあるのですが、絵画を鑑賞するのと同じように美しさを感じるというのが、学問の世界、標本の世界にもある。知識というものを狭く捉えないで、そういう美的感覚、感動をも一緒に伝えられるようなやり方ができればいいなと思っています。

最近は、大学院にも、社会人が多く入学しています。そういう方たちにも共通することなのですが、若いときの知識への接し方と、歳をとってからの接し方とはやはり違いますよね。大学の講義でも、ある程度人生経験を積んでから改めて聞くと、若い頃とは違うもっと豊かな聞き方、受け止め方ができるでしょう。一見難しそうに見えたり聞こえたりしても、人間社会のことですから、案外、自分の実体験と反応し合うところがあるはずです。

面白さとは、受け身ではなく主体的に行動してこそ感じられます。好奇心で一歩前に出ていただいて、自分の経験と主体的に重ね合わせていく、そうやって楽しみながら知識を身につけることは、人生の豊かさにもつながっていくと思います。伝える側もそこからパワーを受け取っていけば、それもまた「知の共創」に結びついていくはずです。

コラム

ホネの受難

昨年秋に開催された東京大学公開講座のテーマは、「ホネ」だった。いつものように、さまざまな学問分野からの切り口で、健康にかかわる身近な話題から、遠い歴史の事柄、あるいは建築の話、さらには心の問題なども含めて、多彩な講義が行われた。

現代は、ある意味で、「ホネ」にとって受難の時代である。私たちの身体については、骨粗鬆症《こつそしょうしょう》をはじめ、ホネの痛みや病気の問題がある。とくに現代社会は、食事の面からも、仕事や生活のスタイルの面からも、ホネにとっては好ましいとは言えない環境にある。また、最近は、人が亡くなった後の追悼の形として、ホネに対するこだわりが少なくなっている。樹木葬などのように散骨といった形で、骨を自然に帰すということも増えている。

さらには、世の中的にホネが無くなってきているのではないか、という話もしばしば出る。若者にホネがないという年配者の繰り言はともかく、そもそも、最近の政治も経済もどうもホネが見えない、どっしりとした骨組みがなくて、安定性がないのではないか、といった嘆きも少なくない。

身近な健康については、病気の原因から予防も含めて、いろいろな処方箋が出されている。これに対して、社会にホネがないという問題の方は厄介で、なかなか治療のしようがないかというあきらめの言葉も出て来がちだ。

ただ、少し気をとりなおして、見方を変えてみると、私たちは、実は、本当は存在しているホネを見ようとしないだけではないのか、あるいは、ホネの新しい姿を見る力、作る力が無いだけではないだろうか、と自問してみてもよいように思う。

たとえば、散骨ということで言えば、ホネは物理的な形としては無くなっても、遺族を支える「こころのホネ」はどこかにあるはずである。また、この公開講座では、「テンセグリティ」という話が生産技術研究所の川口健一教授から行われたが、これは、従来のような柱や梁といった、がっしりとした骨組みとはまったく違う形で、たとえば宙に浮いたような部材と細い引っ張り材とで、建築物を支える構造であるという。

これからの社会を支えるホネというのは、ひょっとすると、これまで私たちが想定してきたものとは違う形のホネかもしれない。たとえば、だいぶ弱ってきたといわれる家族・親戚・近所の助け合いや絆といったものの役割を見直してみる、あるいは、NPOをはじめボランティア的な活動をいっそう組織化していく。そうしたものが、これまでの、たとえば行政、「お上」に頼る骨組みとは違った形で、これからの社会を支えるホネになっていくかもしれない。

知の共創

政策ビジョン研究センター

二〇〇九年一〇月二八日
政策ビジョン研究センター「大学からの政策発信」シンポジウム講演

本日は多くの皆さまにお越しいただき有難うございます。さきほど森田朗センター長からご挨拶を申し上げましたように、政策ビジョン研究センターはこのたび一周年を迎えました。すでにさまざまな研究ユニットが活発に動き始めておりますが、これもひとえに皆さまからの日頃のご支援の賜物と、この機会にお礼を申し上げたいと思います。

このセンターには私も格別の思いがあります。というのは、このセンターの設置については、小宮山宏前総長の「アクション・プラン」の一つとして掲げられていたわけですが、私はこのプランの作成の段階で取りまとめの担当理事をしておりました。当時はまだ概念も名称もしっかり煮詰まっていなかったのですが、今日このようにご紹介できる形になったことには、森田センター長始め関係者の多大なご尽力があったことと思います。

その構想の当初から議論していたことは、何よりも、大学がなぜ「政策」を提示するのか、ということです。一つの理念としては、学術は「政策」というような生々しいものとはかかわらない方がよい、という考え方があります。へたにかかわると、学術の本質、「真理」を探究するという使命が歪められるおそれがある、というわけです。たしかに、時代状況によっては、一般社会との壁を高くすることによって学術と真理を守ることが、人びとの幸せのために不可欠な場合があります。それは、いわば、学術の純粋性を守る、消極的、防御的な方法とでも言うべきものです。

しかし、民主主義社会における大学の学術は、それだけではなく、いわば積極的・能動的な純粋性、もう少し強い言い方をすれば、「攻撃的な純粋性」を求めていくべきものと、私は考えています。つまり、学術の本領というべき純粋な力、言いかえれば、突き詰めて考え抜く力を、社会から隔離された状態で育むのではなく、むしろ積極的に社会とかかわることによって鍛え上げ、成長させていくべきだと思います。「政策」というのは、社会とのそうしたかかわりを生み出すために、もっとも有効なテーマの一つです。

大学が社会に知を送り出す公共的な機能を営む時に、専門的な部分の知識を素材として提示して、あとは社会の消化能力に任せる、というやり方は、これまでとられることの多かった知の発信方法です。

それは、知識にかかわる、社会と大学との間の意味ある分業です。知識のすべてを大学が保有し、何でもすぐに利用できる形で社会に提供するというのは非現実的ですし、そのような知識の提供の仕方は、社会が自ら考え知識を生み出す力を劣化させます。そもそも、知識というものは、すべて大学で生み出されるものでもありません。

大学の役割は、知識の基盤となる専門的な部分、それには伝統的なものもあれば先端的なものもありますが、その専門的な部分を、蓄積された研究手法のノウハウを用い、歴史という時間軸、また世界という空間軸への視野の広がりを生かしながら、創造し、また鍛え上げていくということです。そこでの社会との距離のとり方はさまざまであり得ます。一方では、社会一般から一定の距離を置いた自立した学問の場であることを生かして知の創造力を極限にまで高めることも必要です。他方で、大学の知と社会の知とが連環する構造を多様な回路を通じて展開することで、知識の質をより具体的でたくましいものとしていくことも求められます。

「大学が政策を発信していく」という政策ビジョン研究センターのスキームは、大学と社会との関係についてのこのような認識をバックボーンとしたものです。政策の発信は、大学の公共的な機能の表現であるとともに、大学の学術の強化にもつながるものです。

このようなスキームをうまく動かしていくためには、いくつかのポイントがあります。基本となるキーワードは、政策ビジョン研究センターの活動の中で繰り返し触れられている、「選択肢」と「エビデンス」という言葉です。この二つが損なわれる時に、大学が行う政策研究の役割は終わります。選択肢やエビデンスを欠いた政策研究は、学術の名に値しません。

そしてまた同時に、この二つの言葉の存在を確保するための社会環境として、合理性と公開性が必要であるということも、強調しておきたいと思います。政策判断の合理性に注意と敬意が払われない社会、エビデンスを調達するための情報が十分に公開されていない社会では、政策研究は成り立たない、あるいは歪められる、と申し上げて差し支えないと思います。逆に、こうした社会的な条件さえ整っていれば、大学は、その学術的な自立性と柔軟性を生かして、大胆に、また素早く、「確かなエビデンスに裏付けられた政策の選択肢」を発信していくことが可能です。

こうした選択肢の立案、そしてエビデンスによる裏打ちというのは、きわめて具体的な作業であり、そして通常は、学問分野の境界を超えた作業となります。具体性と学際性は、政策研究の基本的な特徴です。東京大学は総合大学として、学際性を発揮していくために、まことに恵まれた環境をもっています。

私は本来は法律学の分野の人間で、政策論を正面から扱うほどの能力はないのですが、「情報政策」というものについて若干の勉強をしたことがあります。私が専門としていた情報関係の法律は、ちょうど私が研究を始めた七〇年代から八〇年代以降、非常に変化が激しく、すでに存在している法律を前提として、その解釈を論じているだけでは、現実の動きとすぐに乖離してしまう危険がありました。そこで、新たな立法のあり方なども含めて、情報をめぐる「政策」の方にも目を向けざるをえなかった、という事情がありました。

そのような必要に迫られて、半ば素人的な政策研究を行った時に、私自身の研究の基本的な枠組みというか、頭の整理のためにまとめておいたのが、お配りしている資料の論文です。もう一五年くらいも前のものでご覧いただくのも恥ずかしいのですが、そこで、「情報政策論の構造」ということで、政策研究の切り口として、六つの柱があると記しました。政策原理、政策目的、政策環境、政策手法、政策過程、政策評価、といったものです。その詳細についてはお時間のある時にでも拙論をご覧いただくこととして、今日この後で行われる「研究成果紹介」の中でも、そうした政策研究の切り口をさまざまな形で見せてもらえるものと期待しています。

ただ、実は、政策研究というのは、いま触れた六つの柱ないし切り口のような概念的・抽象的な話をしていても、あまり面白くないのです。「神は細部に宿る」というのが、政策研究をかじった私の直感です。個別具体のケースの扱いこそ、政策研究の本領であり、醍醐味ですから、これからの各研究ユニットからの具体的な成果紹介を、ぜひ楽しみにお聞きいただければと思います。

そして、このような個別具体の政策研究を数多く丁寧に積み重ねていく中で、見えてくるものがあります。あるいは、「見えるべきはずのものがある」、という言い方をしてもよいかもしれません。その一つは、もっぱら学問的なもので、政策研究のための基本的な枠組みです。それについては、さきほど私は素朴に六つの柱をあげただけですが、こういった柱が具体的なケースの中で鍛えられ、再度抽象化されて、一定の一般性を備えた政策研究の枠組みとなっていくだろうと思います。

それとともに、もう一つ、私が期待したいのは、個別具体の政策研究を積み重ねる中で、いわばそれらの総合として、個別の課題テーマを越えた「時代の政策」とでも呼ぶべきもの、つまりこれからの時代の骨格を形作っていく政策カタログが見えてくるのではないかということです。私は、大学の役割を論じる際に、これからの社会がどうなるのかと、多くの人びとが不安を抱いている現代のような危機の時代にこそ、知識の創造的な役割、大学の果たすべき役割が大きくなると、しばしば述べてきました。そのために、東京大学が頑張らなければいけないのだ、と言っています。政策ビジョン研究センターの研究成果の発信は、そうした時代の課題に、とりわけ、医療や高齢化、地球環境など、早急な対応が社会から求められている課題に、しっかり応えてくれるはずです。

言うまでもなく、こうした役割は、東京大学だけで果たせるものではありません。社会の知とのインタラクションが必要です。さきほど、「大学の知と社会の知とが連環する構造」ということを申し上げましたが、これは、私がしばしば「知の共創」という言葉で話している内容と重なります。本日のこれからの議論を通じて、そうした「知の共創」の仕組みやセンターの取り組みの方向性などについて、さまざまなご示唆をぜひいただければと思っております。

フューチャーセンター推進機構

二〇一〇年三月一九日
「フューチャーセンターシンポジウム」挨拶

本日は、長時間のシンポジウムにもかかわらずご参加を頂き、有難うございます。このシンポジウムは、東京大学が柏周辺で行う低炭素化と高齢化についての社会的実証的な試みをご紹介するものです。行政、企業、一般の方など、大学外からも多くの皆さまの参加申し込みがあり、千葉、柏からもたくさんの方々にお越しいただいていることにお礼を申し上げます。

私はこれまで、大学の知の公共性、すなわち、大学の社会へのかかわり方、その新しい結びつき方が重要であることを、折に触れて訴えてきました。ここで社会との新しい結びつき方というのは、一方通行になりがちであった大学から社会への情報発信を双方向とすること、社会のニーズを主体的に大学が捉えていくこと、さらには一緒に知恵を出し合いながら新しい技術や仕組みを作っていくこと、を意味します。このように大学が社会と一体となって知恵を生み出していくことを、私は「知の共創」と呼んでいます。現代は、そういうことが求められる時代です。このシンポジウムは、まさしく、この「知の共創」の実践をご紹介しようとするものです。柏地域で展開される環境と高齢化をめぐっての「社会的実証」、すなわち大学の成果を市民の皆さまに生活の中で実際に使って頂き、その改良のための知恵を出し合う試みをご紹介するものです。

大学の共同研究には、他大学との連携、企業との連携は数多くありますが、市民の生活まで入り込む例はまだ少数です。柏の葉地域は、よく整備された道路や公園が多く、また、千葉県、柏市をはじめとする周辺の行政機関、企業、住民の方々が、チャレンジ精神に富み、大学と一緒にやっていくことに積極的でいて下さるという、恵まれた環境が整っています。この結果、さまざまな社会的実証的な試みが進められる貴重な場となっています。柏での試みが、今後、日本と世界で行われる社会的な試みの推進役となり、環境や高齢化問題の解決に繋がっていくことを期待しています。東京大学では、キャンパスの中においても、理論と実践とを結びつける活動を進めています。ＴＳＣＰ、つまり東大サステイナブルキャンパスプロジェクトと言って、東大の研究成果を活かしてキャンパスを省エネ化するプロジェクトというのがそれです。その経験からも社会的実証の大切さを、私たちは強く感じています。

私が折に触れて申していることで、もう一つ、「タフな東大生」をつくる、ということがあります。タフさとは、「社会的なコミュニケーションの場におけるたくましさ」、「差異を超えて知識を受け取ることができる力」、「互いに論じ合うことができる力」といったものです。あらゆる環境に対応できる柔軟な思考力、リスクに挑戦する行動力、多くの人々と連携していくコミュニケーション力を指します。このタフさを育てる上でも、「社会的実証」の試みは有用です。大学の外のいろいろな人や組織とのかかわりあい、言いかえれば、「知の共創」を行う日常的な過程を通じて、こうした柔軟性、行動力、コミュニケーション力が培われます。

もっとも、大学と社会との連携については、未だ体系化された方法論があるわけではありません。教育方法の確立と、マネジメントする人材の養成が必要です。今回のシンポジウムでは、社会連携の教育方法も紹介したいと考えています。そこでは、個人情報保護法からグリッドコンピューティング、また、個別のケーススタディまで、幅広い内容を含むカリキュラムが提案されるはずです。そして、この教育それ自体も、一つの社会的実証的な試みとなります。文系と理系、理論と実践が一体となった新しい教育体系を作るには、教える側と教わる側が共同で学術と社会を考えていく、「知の共創」が必要だからです。

本日のシンポジウムの冒頭で、こうした社会的実証的な試みとフューチャーセンター推進機構の全体像について、前田正史機構長と磯部雅彦副機構長から説明がありました。また、柏国際学術都市支援会を支えていただいているJFEホールディングスの數土文夫社長から、産業界としての期待のご挨拶を頂戴しました。この後には、高齢化社会、スマートグリッド、ITS（高度道路交通システム）、教育などについての講演が行われますが、これらの講演と討論とを通じて、「知の共創」のイメージと仕組みがさらに具体化されていくことを期待して、私のご挨拶とさせて頂きます。

コラム

アカデミア・リテラシー

一昨年の「事業仕分け」の後に、科学研究の成果について研究者が説明不足だということが、しばしば指摘されるようになった。これに応えて、大学や研究者からの発信が増えている。全国の国立大学の連合体である国立大学協会で、昨年の一〇月から一一月にかけて、「国立大学フェスタ」と銘打って各大学で開催される予定の公開イベントなどを集約したところ、千を超える企画が寄せられた。国立大学でこれだけ数多くの、多彩な研究が行われていることが、少しでも多くの人に伝わればと思う。ここに象徴される知的資源の豊かさは、日本の誇りであり、国力の基盤である。

こうした企画の数の多さは、この間、各大学が研究成果の広報に力を入れてきたことの表れでもある。広報のやり方も、専門的な学術用語でそのままというのではなく、できるだけわかりやすい言葉で解説して伝えるということに、かなりのエネルギーが注がれている。「サイエンス・コミュニケーション」の研究や実践、あるいは「科学技術インタープリター」の育成は重要な課題であって、東京大学でもこうした講義が設けられたり、企画がなされたり、また、実際に活躍しているスタッフも増えてきた。

「わかりやすく伝える」とともに、研究の難しさを何とかそのまま伝えられないかという試みもある。東大広報室の清水修さんが、教員や職員を動かして編集した『アカデミック・グルーヴ』がその一つであり、一昨年に最初の一冊を出した。昨年は、学生が中心となって三つのスタイルでパンフレット風の冊子を作り、また、職員だけで編集をすすめた一冊も出来上がった。これらに共通するコンセプトは、「真の学問の場、最先端の学問の場に漂う『わくわくするほどの面白さ』、『どきどきするほど楽しい雰囲気』」を伝えよう、ということである。そのために、あえて、専門用語を嚙み砕かないでそのまま味わってもらおうと試みている。表紙をはじめ各ページのデザインにもなかなかインパクトがある。

このように、大学からの発信の仕方にいろいろな工夫を続けることはもちろんとして、同時に、発信だけでなく、受け手の「受け止める力」にどのような働きかけができるのかも、考えてみたい気がする。

「メディア・リテラシー」という言葉がある。これは新聞の報道ぶりや放送番組に対して批判が続く中で、送り手であるメディアの側が主体的に改善に取り組むだけでなく、受け手の側のリテラシー＝読み解く力も強めることによって、よりよいメディアの姿やメディアの使い方を実現していこうとする試みである。東京大学でも大学院情報学環を中心に、この分野での研究や実践が行われている。この受け手の側の「メディアを読み解く」力を強めるために、記事表現や番組の詳細なテキスト分析・映像分析などが行われるとともに、実際に番組づくりなど「送り手」の立場を経験することによって、報道や表現における課題をつかんでいこうとする試みもなされている。

このメディア・リテラシーからヒントを得て、「アカデミア・リテラシー」という提案がありえないだろうか。研究者からの個々の成果発信をしっかりと読み解いてもらえる土壌となるような受け手の力を強めるために、もっと大学ができることはないだろうか。そのきっかけとなりうる取り組みは、「理科離れ」が問題となる中で、子どもたち向けの科学実験教室の企画などで、すでに始まっている。これを大人の世界にまで広げて、また分野も広げて、読書会のような形もモデルにしながら、「学術を読み解く」運動のうねりができないかと思う。

東京大学の公開講座だけをとっても、いつも一二〇〇人以上の皆さんに参加いただいて、安田講堂が一杯になる。知識に意欲をもつこれだけの人びとを見るたびに、ここにも「アカデミア・リテラシー」運動の芽があるなあと感じる。

Ⅶ

明日の日本を支えるために

東京大学は、その創設以来、国と国民を支える学術基盤の発展と人材育成に大きな努力を傾け、さらに魅力と競争力のある大学へと発展しつつあると自負しています。ただ、いま日本が置かれている環境、そしてその中で国立大学が置かれている環境には、きわめて厳しいものがあります。それは、とりわけ、学術研究・大学関連予算の問題です。とくに一昨年秋から強まってきた予算削減の動きに対して、大学全体の立場から強い懸念を訴えたいくつかの新聞掲載の論説を、ここに収めておきました。先般閣議決定された二〇一一年度政府予算案は、こうした危機感に一定の理解を示しています。

日本全体が厳しい時代を迎えている中では、こうした大学の財政基盤確保のためのメッセージを発信するのと同時に、人材育成、研究開発、さらには知的文化的な底力といった面から、これからの日本社会をしっかり支えることの出来る大学としての役割、とりわけ東京大学として果たすべき役割を見定めて、そこに向かって行動していかなければなりません。そうしたメッセージを含む講演やインタビューなども、この章に収めました。「明日の日本」を支えるために、東京大学がどのように考え、行動していこうとしているのか、これまでの各章で述べたこととあわせて、読み取っていただければと思います。

危機に立つ大学

大学関連予算なお不十分

二〇〇九年一一月二日
日本経済新聞朝刊

「日本の国力は衰えつつあるのではないか」。各界の人と会うと、必ずそうした話になる。政治、経済と並び話題になるのが、日本の知識力、研究開発力の現状と先行きだ。大学の現状を知る人ほど危機感は強い。

国立大学は五年前の法人化以降、国からの運営費交付金や人員の削減方針の中で、ぎりぎりの教育研究活動を続けてきた。私学助成が削られた私立大学も同様に厳しい。合理的な効率化は必要だが、〝削減ありき〟の非合理的な発想は、大学が支える社会の知識力・研究開発力をボディーブローのように弱め、国力を衰微させる。

明治以降、日本は知識力と研究開発力を徹底的に重視し、大きな投資をしてきた。資源に乏しい日本が今日ある主たる要因の一つが、この先人たちの見識である。明治の先人は賢明な投資家であった。いまの日本はどうだろう。歴史の中で、遺産を食いつぶしただけと評価されないだろうか。

最近の研究分野別ランキングで、東京大学は、物理学やライフ・サイエンス、化学など多くの分野で、世界トップクラスの競争力を示している。ただ、トップの研究者でも、研究資金確保のため綱渡りのような努力を強いられている。現実を目の当たりにした優秀な学生たちは、研究の世界に飛び込むことを、ためらうようになった。知識力や研究開発力が足元から揺らぎ始めた。

東京大学には、寄付やボランティア活動などで大学の発展に貢献いただいた方々に感謝する、「稷門《しょくもん》賞」がある。稷門とは、紀元前四世紀ごろ、中国の戦国時代に覇を競った「斉《せい》」の首都にあった城門。当時の斉王が、軍事力や経済力だけでなく、文化にも優れた大国でありたいと願い、城門の周囲で学者たちに大臣並みの手当を支給した。中国全土から多彩な学者が集まり、豊かな学問と文化が花開いたと伝えられる。斉の全盛期である。

何ともロマンチックな話だが、今日の日本で同じことを願うつもりはない。ただ、学術を育てることへの理想と熱意を失えば、国の誇りも無くなる。賞の趣旨に賛同し、財産や労力を提供して下さる方々は少なくない。個人でさえそうなのに、国家がこうした理想と熱意をもたないとなれば、日本の未来は危うい。

実際、日本の高等教育投資の現状を海外で説明するのは恥ずかしい。高等教育への公財政支出が国内総生産（ＧＤＰ）に占める割合は、経済協力開発機構（ＯＥＣＤ）諸国中で最下位。一方、私費負担割合は最大に近い。

さて、政権交代から約一ヶ月半がたち、民主党のマニフェストに基づき、様々な分野の政策転換が進んでいる。首相の所信表明演説では、市場万能の考え方をとらず、「新しい公共」の追求、「コンクリートから人へ」投資の重点を移す、温室効果ガスの二五％削減など地球規模の課題克服が示された。

理念の実現に、知の拠点として公共的使命を担う大学が果たす役割は大きい。教育については、「個人の問題ではなく、社会全体が助け合い負担する」、「すべての意志ある人が質の高い教育を受けられる国を目指していこう」といった考え方が示された。家計負担に大きく依存する日本の大学教育を見直す意志の表れと受け止めたい。

気になるのは、方針が具体化される道筋である。当面は来年度予算案が注目されるが、文科省の概算要求では、高校教育の無償化などマニフェストにかかわる事項が優先される一方、大学関係では目立った新規・拡充の施策は盛り込まれていない。

とくに、今後の日本の知識力と研究開発力を担保する上で気になるのは、教育研究活動の基盤を支える運営費交付金の行方である。交付金は、〇四度の法人化以降に七二〇億円も削減された。これは、小規模な国立大学二三校の消失に匹敵する。

選挙時の民主党の政策文書は、運営費交付金の一律的な削減方針の見直しを掲げていた。今回の概算要求は、一見すると削減に歯止めがかかったように見える（一三億円増）。だが実態は、病院経営支援や医師不足対策などの特殊要因が多く、見直されたと評価するのは尚早だ。政党政治の本義に照らし、政策文書に沿った明確な見直しを期待したい。

私立大学への助成も据え置かれて、国公私立を通じて大学改革の支援事業の多くも減額された。総じて今回の要求は、手薄な大学への公的投資を是正したとは言い難い。

率直に言って、日本の知識力と研究開発力の現状と将来に対する危機感が乏しい。「国家百年の計」という言葉が聞かれなくなって久しい。たしかに、今の時代に「百年」は長すぎるのかもしれないが、政治には中長期的な見通しが欠かせない。とくに、教育や研究の分野はそうである。

政治は、今の国民だけでなく、未来の国民に対しても責任がある。投資の誤りによる知識力と研究開発力の衰微が国力の衰えとなり、国力の衰えでさらに投資が制約される……。そんな負の連鎖は、絶対に避けねばならない。欧米諸国も中国や韓国なども、明確な国家戦略を掲げ一斉に学術投資を競っている。日本は大丈夫なのだろうか。

大学は自主性・自律性が求められ、それゆえに公共的な使命を果たし社会に貢献ができる存在だ。他の分野にも増して、大学に関する政策決定過程には、透明性と開放性、そして大学との密な対話が必要だ。行政刷新会議を中心とした予算編成で、対話が十分に確保できるのか不安が残る。

大学にかかわる者は今が働きどころだ。制約の厳しい資源の下で、全力で世界と競争し地域に貢献していくとともに、教育研究に対する公的投資の拡大に大きな声をあげる必要がある。そうでなければ、明治の先人たち、そして未来の世代に顔向けが出来ない。政治もまた同じはずである。

二〇一〇年七月一九日
日本経済新聞朝刊

大学システム崩壊招く

今、大学関係者は、愕然《がくぜん》とした思いで政策の動向を見守っている。その震源は、二〇一一年度概算要求を前にして、政府が六月に発表した「中期財政フレーム」である。

この中に大学予算への直接の言及はない。しかし、一一年度から三年間、社会保障費の自然増は一般歳出の中で対応しつつ、歳出規模を一〇年度並みに維持することなど複数の前提条件を考えると、蓋然性の高い道筋が透けて見える。政府予算のうち義務的経費に分類されないすべての予算（そこには大学予算も含まれる）に対し、単年度で約一割、三年間で約三割もの削減が一律に課される恐れである。

知識基盤立国である日本にとり、大学予算は実質的に義務的経費というべきものである。単純に一律削減の方針を適用すれば、国立・私立の別なく大学に致命的な打撃を与え、近代日本を支えてきた大学システム全体を崩壊させるだろう。国立大学予算（約一・二兆円）に的を絞って前述の削減率を適用すると、国立大学法人運営費交付金は、単年度で一千億円、三年間で三千億円の削減となる。東京大学、京都大学、大阪大学、東北大学、九州大学を順次消失させるほどのすさまじさである。授業料の大幅値上げを迫られ、教育の機会均等が大きく損なわれる事態も生じかねない。

本年度は、国立大学が法人化されてから六年を経て、第二期中期目標期間の初年度にあたる。第一期の蓄積を踏まえ、さらなる発展に向けて国際競争の中に大きく飛躍すべき時期である。政府も法人化の検証を進めており、まとめも公表されている。法人化の意義を評価する点、課題を示唆する点、それぞれ私たち大学経営に携わる者の実感とおおむね一致する。

一方で憂慮すべきは、大学教員の研究時間、教育準備時間の顕著な減少だ。法人化以降、運営費交付金が一律に削減されるに伴い、研究者間の研究資金の獲得競争は激化し、着実な研究の基盤と貴重な時間が失われた。

東京大学も例外ではない。教員は、教育研究に励み、熾烈な国際競争の中で注目すべき学術成果を生み続けている。その集積である東京大学の論文生産数や論文引用数は、世界トップ水準の地位を保っている。

しかし、昨年末に実施した全教員緊急アンケートでは、約九割が研究時間の減少、約八割が継続的・安定的な活動の困難を指摘した。中国をはじめ、諸外国における新興大学の台頭を前にして、東京大学の活力やプレゼンスの低下を危ぶむ声は急速に高まっている。

学術は、国力の基盤である。この思いを共にする研究大学九校は、昨秋以来、国立・私立の違いを超えて連携し、政策提言を行ってきた。五月のシンポジウムでは、政府の成長戦略の策定を視野に、研究・人材育成基盤の抜本的強化を訴えた。その際は、国内外の実証的な研究成果を踏まえ、高等教育や研究開発への投資効果の大きさ、それらがもたらす産業競争力や国民の豊かさへの寄与について明らかにした。

先に政府が策定した「新成長戦略」は、「強い人材」が成長の原動力であることを指摘しており、私たちの主張も多く取り入れた。ライフ・イノベーション、アジア経済戦略、科学・技術、雇用・人材など七つの戦略分野それぞれにおいて、大学の果たすべき役割はきわめて大きい。にもかかわらず、大学の基盤を脅かす可能性を秘めた今回の中期財政フレームに接し、私たちは非常に当惑している。政府の国家戦略は、日本をどこへ導こうとしているのであろうか。

東京大学は、新たな将来構想「行動シナリオ」に基づき、国際化の推進とタフな東大生の育成を最重要課題に位置づけている。右肩上がりの時代は終わり、若手の教員や学生は、停滞・苦闘する日本しか知らない。東京大学でも経済的に困窮している学生は相当数に達し、就職をはじめ先行きの不安に直面している。内向きに萎縮し、リスクを回避しようとする若者を批判することはたやすい。だが、若者をそうさせているのは、私たち年長者であり、日本社会の構造そのものである。

社会との接点である大学が、できること・なすべきことは何であろうか。私は、外国人と知的にぶつかり合うなど、多様な価値観や文化と格闘する鮮烈な体験を学生に与え、キャンパス自体をグローバル化することであると信じている。

これは決して容易なことでない。日本経済の停滞は、大学間の国際交流にも色濃く影を落としている。家計負担力の低下や狭まる就職機会を背景として、日本の学生は海外留学を躊躇する。日本そのものの魅力が薄れつつある中、外国から留学生を引きつけるためには、教育力のみでは欧米の有力大学に太刀打ちできない。奨学金や寮などの経済的支援の格段の充実が必要なことは、国際化の拠点を目指す全大学が痛感している。しかし、この壁を打破するための公的投資は先細りしている。

政府が概算要求のシーリング方針を決定する日も近いと聞く。中期財政フレームをめぐる大学関係者の不安が杞憂であるのか否かも、そのときに明らかになるのかもしれない。政治主導の潮流にあって、政治家の役割はますます重くなっている。マックス・ヴェーバーの言葉を引くまでもなく、政治家に求められるのは、情熱と判断力を駆使することである。危機的な財政状況であるが、安易な一律的削減に走ることなく、明日の日本の姿をしっかり見据えた政策推進を切に願う。

強い社会保障は、直接的な費用支出やサービスの提供だけでは実現できない。それを将来にわたって確実に担保するのは、日本の未来を担うたくましい若者を育てていくことにほかならない。大学の学長の一人として、強い人材の育成という社会的使命を全うしていく覚悟である。

大学の役割

時代に「知の光」を

二〇〇九年四月一日
『教養学部報』第五一九号

東京大学という豊かな知のコミュニティに入ってこられた皆さんに、東京大学の教職員を代表して、心からお祝いを申し上げます。これから皆さんは、これまでの高校生活や受験勉強の時期とはまた違った、新鮮さと創造に満ちた知の世界で学んでいくことになります。こうした新しい環境の中で、皆さんが、実り豊かな学生生活を送っていかれることを期待しています。

東京大学は、これまで、人類の優れた知を生み出し、またそれを教育していく機関として、社会から大きな役割を期待され、一三〇年あまりにわたりそれに応えてきました。その社会はいま、金融や産業をはじめとして、大きく揺れ動いています。時代の激しい変化にどのように対応していけばよいのか、多くの人々が不安を持っています。また、環境やエネルギー問題、少子高齢化の問題など、さまざまな社会的課題も膨らんでいます。そうした中で、今日とりわけ東京大学に求められているのは、社会の未来をしっかりと指し示すとともに、それを担っていく知を生み出し育てていくことであると考えています。激しい変化の中で未来が見えにくくなっている時代、ともすれば暗い話題の多くなりがちな時代に、「知の光」を輝かせること、それが、東京大学の役割です。

「知の光」という言葉は、東京大学の教職員の間ではかすかな記憶が残っているかもしれない言葉です。いまから九年前、世界が二一世紀の新しい幕開けを迎えようとしている二〇〇〇年一二月三一日の深夜に、安田講堂の灯りが煌々《こうこう》と燈《とも》っていました。その時、講堂の中では、時代の知の先端を担う二一名の研究者たちの連続講義が展開されていました。そして、二〇〇一年一月一日に時が移ろうとするその瞬間に、安田講堂がライトアップされ、闇夜にその姿を輝かせたのです。その場に集まった二〇〇〇人もの教職員や学生、さらに一般の市民まで、配られたシャンパンで祝いながら新たな世紀の登場を迎えました。この催しの名称が、“LUX SOPHIAE”、つまり「知の光」でした。

この世紀の変わり目という時を捉えて、東京大学は、時代と世界の知に対して責任を持つ決意を新たにしたのです。そうした知の意味が、いま時代の大きな変化を迎えて光り輝くことを求められています。過去・現在・未来へと通じた豊かな知性の結集する大学こそが、揺れ動く時代の中で社会のたしかな拠り所となります。

そうした役割を果たすのは、東京大学という組織に期待されていることです。しかし、大学という組織は、多くの場合、組織そのものが正面に立って何かをやるというよりは、むしろ、「人」そのものが東京大学なのです。そうした「人」としてまず思い浮かべられるのは、高い水準のさまざまな研究成果を発表し教育している教員や、そうした活動を支えているすぐれた職員たちでしょう。しかし、何より学生の皆さん自身も、「知の光」を発する重要な存在であることを忘れてはなりません。時代の未来を担うはずの皆さんは、大きな役割を社会から期待されているのです。

「知の光」の担い手となるために必要なことは何でしょうか。何よりまず、着実に学習をすすめることであることは、言うまでもありません。教養学部では、皆さんの知の基盤となる教養教育に、さまざまな工夫をこらしています。それは、ただ、知識の量が多い、あるいは幅広いというだけではありません。知識の「使いこなし方」も、皆さんは大学で学ぶことになるはずです。概念の作り方や論理の立て方、実験や実証による裏付けなどは、その基本的な手続きです。皆さんは、これまでもすでにそれらを無意識に行っているはずですが、大学ではそれらを意識的に学びます。

このような学習によって皆さんは、知的な「たくましさ」を備えるようになります。そして、せっかく皆さんが学んだ知識を今後社会の中で存分に生かしていくためには、さらに、身体や精神のたくましさ、またコミュニケーションの力も養っておいてもらいたいと考えています。それには、自分を他者との関係でさらに鍛え上げていく、たくさんの経験が必要です。社会のさまざまな動きや価値、考え方に触れ、あるいは国際的な経験の機会も学生時代に持つことを通じて、人との交わりの中で自分の知識を縦横無尽に活用できる、確実な力を身につけて下さい。大学も、そうした力を涵養するために、いろいろな仕組みを展開していきたいと考えています。

いま東京大学は、「世界を担う知の拠点」として、幅広い活動を行っています。皆さんもその一員となり、世界に向かって「知の光」を投げかける主体として活躍してくれることを願っています。

明日の日本と大学

二〇一〇年二月八日
日本動力協会会員講演会講演

今日はお招きいただき、有難うございます。これから、「明日の日本と大学」という、少し大きなテーマでお話をさせていただきたいと思います。改めて申し上げるまでもなく、このところ日本はなかなか難しい時代を迎えています。毎日の新聞を見ても、「ニッポン漂流」とか、「時代の閉塞感」、「自信喪失」などといった言葉が頻繁に出てきます。また、若年層の失業率が高く、若者の間に未来に対する夢がもてなくなっていると言われていることも、とくに大学という世界に身を置いている者としては、大変気になります。

とはいえ、こうした厳しい時代を勝ち抜いてこその日本です。私は戦後生まれですが、あの敗戦という何もかも失った時代から今日の日本が築きあげられてきた歴史を、いま改めて思い起こすべき時であるように思います。その歴史を思えば、いまのこれくらいの「危機」が日本に乗り越えられないはずはありません。当時と比べれば、ある意味では、「ぜいたくな危機」です。

もちろん、時代状況は大きく変わっています。ただがむしゃらに頑張ればよいという時代ではありません。とくにグローバル化した今日の経済環境、また技術革新の速さや経営のスピード化、さらに金融が果たす大きな役割など、時代の変化は賢明に視野に入れておかなければなりません。がむしゃらに頑張った時代とは違った知恵が必要であることは確かです。ただ、愚痴ばかり言っていても始まりません。明日の日本をしっかりと支えていくために、皆さんとともに大学も頑張っていきたいと思っています。今日は、そのような姿勢で、お話をさせていただきたいと思います。

世界経済フォーラム(ダボス会議)から

二〇一〇年のダボス会議、世界経済フォーラムの年次総会ですが、これは、一月二六日から三一日まで開催されました。この中においでになった方もいらっしゃるかと思いますし、また新聞などでもいくつかの話題が取り上げられています。このダボス会議のプログラムに掲げられたたくさんの催しの中で、“Japan in Transition(移行期の日本)”というセッションが設けられ、私もパネリストで参加してきました。このもともとの企画は、政権交代後の日本で経済回復を図っていく方策について議論をするということだったのですが、どうもともすれば後ろ向きの話にしかならない可能性がある、それでは面白くないということで、モデレーターとパネリストの間で事前に打合せをして、この場では、ポジティブなこと、前向きのことだけを話そう、あれが駄目だ、これが駄目だというだけの話では、日本がこれから進むべき未来は見えてこない、といった話をしました。モデレーターを務めて下さった一橋大学国際企業戦略研究科長の竹内弘高先生の見事な演出のおかげで、なかなか賑やかなセッションになりました。

今回のダボス会議のテーマは、"Rethink, Redesign, Rebuild（再考、再設計、再建）"というものでした。つまり、経済危機後の世界で、危機の教訓をしっかり踏まえて新しい世界の秩序のあり方を考え、もう一度組み立てていこうということです。参加してみての率直な印象では、Rethink はやっているけれども、Redesign, Rebuild のための具体策はまだ見えていない、議論の方向性だけは確認できた、というあたりかと思います。

議論の方向性ということでは、一つは、危機対応からの出口戦略にかかわることで、その準備をそろそろ考えておかなければならない、ただその実行のタイミングが微妙なところだ、ということです。まだ危機対応の体制を緩めてはいけないという、ＩＭＦの専務理事であるドミニク・ストロスカーン氏の発言が、大方の空気であったように感じました。ストロスカーン氏は、つい先日も来日して、東大で同様の内容を話していました。

もう一つは、規制と自由とのバランスをどのようにとっていくか、ということです。これは、国家と市場との関係といってもよいのですが、当面する具体的な課題としては、政治とくに金融とのバランスということになります。今回のダボス会議では、両者の対立が際立って見えてきたというところまで、その調整点はまだこれから、という感じであったかと思います。

自立した個人の活性化

さきほど触れた、ダボス会議の"Japan in Transition"というセッションで私が述べたことの基本的なポイントは、「個人の活性化」ということでした。この「個人の活性化」ということには、実質的な意味と、もう一つ、いわば気分的な意味があります。気分的な意味というのは分かりにくいかもしれませんが、社会心理的な側面と言ってもよいかもしれません。要するに、個人の強さ、明るさ、人生を楽しむという感覚が、これからの日本の経済的な活力にとって、とにかく重要だということです。これは経済学の論理そのものの枠の中にはまり込むものではありませんが、こうした社会心理的な要因は、たとえば「予言の自己実現（self-fulfilling prophecy）」といった言葉に見られるように、経済合理性を越えて現実のマーケットを動かす役割を果たすことがあります。それをいまの日本では強調しておく必要があるだろう、ということです。

私は、セッションの中で、この「個人の活性化」ということを、まずは、昨年の政権交代における一つの特徴として取り上げました。民主党が掲げている政権構想の特徴として、政治主導、「コンクリートから人へ」、地域主権、「きずなの社会」など、いろいろなポイントをあげることができます。こうした構想の背景にある一つとして、「個人」重視、「個人の活性化」というセンスがかなり浮かび上がってきているという印象を受けます。「コンクリートから人へ」というスローガン、また「新しい公共」、つまり政府・行政だけではなくＮＰＯ、ＮＧＯなどの市民活動団体を通じても公共的なサービスを担っていくという考え方、事業仕分けのプロセスのインターネットによる公開などの政策を見ていると、組織や団体というより個人に強い視線が向けられているという印象を受けます。このような発想は、民主党が昨年夏の衆議院選挙で依拠した有権者の基盤と関係があるであろうこともたしかです。また、民主党の中に、民主政治のスタイルとして、自立した個人がきちんと議論をしあって政治を動かしていく、という理念を強調する議員たちも少なからず見られます。「熟議」であるとか「公共圏」といった言葉も時々用いられていることは、そうした空気を推察させます。

ただ、もう少し大きな目で眺めて見れば、「個人の活性化」というのは、すでに以前から強調されるようになっていた傾向です。たとえば二〇〇九年から導入された裁判員制度というのは、明らかにそうした個人の役割を想定しています。自立した個人がお互いにきちんとした議論を行うということが出来なければ、裁判員制度はうまく働かないはずです。さらに言えば、こうした個人のイメージは、一九九〇年代終わりごろからの規制緩和の議論の中で、すでに登場してきていたものです。たとえば、一九九七年の「行政改革会議最終報告」の中に、次のような一節があります。

「まず何よりも、国民の統治客体意識、行政への依存体質を背景に、行政が国民生活の様々な分野に過剰に介入していなかったかに、根本的反省を加える必要がある。徹底的な規制の撤廃と緩和を断行し、民間にゆだねるべきはゆだね、また、地方公共団体の行う地方自治への国の関与を減らさなければならない。『公共性の空間』は、決して中央の『官』の独占物ではないということを、改革の最も基本的な前提として再認識しなければならない。」

ここでは、「国民」「民間」という言葉が使われており、「個人」という言葉は直接には出てきませんが、基本的には同じ意味と考えてよいと思います。また、こうした規制緩和政策をベースにした市場原理論の潮流の中で、「自己責任」という言葉が頻繁に語られていたことはご承知のとおりです。そうした「自己責任」は当然に、自立した個人を前提としているはずですが、市場原理の議論の弱まりとともに、こうした個人のあり方に関する議論も漂流状態になってしまっていたという気がします。

このような背景も踏まえつつ考えてみると、民主党のいう「新しい公共」という考え方、「個人」重視の考え方の中には、いわば規制緩和型のものと、いわば社会連帯型のものと両方が組み合わさって存在しており、それがまた、いまの民主党の一つの特徴であるという印象を受けます。このあたりは話し始めると長くなりますので、とりあえずここでは、そうした複合的な構造が存在していることを指摘だけさせていただきます。

いずれにしても、このような「個人の活性化」というのは、間違いなく、これからの日本の社会の活力の源となるべきものです。自立した個人、すなわち、自分の意思決定や行動に責任を持つ個人が、民主主義の政治過程の要となり、組織に活力を生み出し、アントレプレナーとして新しい事業を興し、生産活力の水準を高めて経済力の復活の核となるべきであろうと思います。また、そうした元気な個人は、人生を楽しもうと、たとえばサービス・レジャー産業の分野において「内需」を作り出していくことにもなるはずです。さきに言いましたように、ここでは実質的な活力と感覚的な気分論の両方を語っているわけですが、私は、経済危機の負のスパイラルから飛び出す一つのポイントは、どうもこの「個人の活性化」というところにあるような気がします。それをどのように強め、また支えていくかが、政権交代のいかんはさておいて、時代の大きな課題になっているように思います。

言うまでもなく、こうした「個人の活性化」は、組織や団体の活性化と矛盾するものではありません。個人が社会的な存在である以上は、それは当然のことです。重要なことは、個人と組織とが強めあう関係を、これからの時代にどのように作っていくか、ということであると考えています。たとえば、国立大学法人化以降、学長のリーダーシップということがとみに言われます。どうもこれは学長の権限を強めるだけと誤解されている向きもあるのですが、私は、学長だけでなく、学部や研究所といった大学を構成している現場の組織、そして何より、個人である教員、職員が強くならなければいけないと常々言っています。弱い個人を束ねるのは簡単です。しかし、それでは組織全体の力はたいして上がりません。むしろ、強い個人を育て、その力を総合力としていくことこそが本当のリーダーシップであると考えています。大学に限らず、社会や組織のもつ本当の強さというのは、そういうものだと思います。

とにかく、こうした変動の大きな時代こそ、たしかな個人が必要です。個人が元気になることによってこそ、明日の日本が見えてきます。逆に、個人が自立していないところで政治が先走りすると、しばしば「パンとサーカス」といわれる、国民の人気取りのポピュリズムが生まれます。豊かで安定した時代にはそうした一時的余裕もあってよいかもしれませんが、いまのような危機と変化の時代には、そのような政治状況は国家・社会の将来にとって致命的な意味をもちかねません。もっとも、個人を重視することとポピュリズムとの間に境界線を引くことは、しばしば難しい場合があります。民主主義がかなり成熟していて市民意識が高いと言われているアメリカでも、この一月にオバマ政権がとった金融規制強化の政策は、規制の合理性そのものよりも金融機関幹部の高額ボーナスに怒る国民を鎮めるためのポピュリズムだとする批判も、とくに経営サイドからは見られたようです。ついでながら、今回のトヨタ自動車の不具合問題のアメリカにおける取り上げ方についても、一種のポピュリズムがあったと評価する報道も見られました。

このような「個人の活性化」をどのようにして図ればよいのか、豊かな時代であれば、ゆとりをもって、いろいろな方策が考えられます。乱暴なことを言えば、個人はほっておいても活性化していくという、よいサイクルが働くかもしれません。しかし、昨今のように、ともすれば後ろ向きのスパイラルが働きがちな時代には、個人を活性化するためのいろいろな仕掛けやメッセージを意識的に考えていく必要があると思います。そして、そのために、社会のさまざまな主体が、それぞれの役割を確実に果たしていく必要があるように感じます。たとえば、政治やメディアが、「明日の日本」に対する理念と戦略を、明確なメッセージとして説得力をもって出していくことは、個人が安心してその力を発揮していくためには不可欠なことです。ただ、ここ数年の様子を見ていると、どうもそのあたりが十分うまく機能していないのではないかという印象をもたざるを得ないのは、まことに残念なところです。

規制緩和の推進

こうした活力ある個人を育てていくために、政治として一つ取りうる政策は、やはり規制緩和であると思います。もともと、個人の重視と規制緩和の政策が結びついていたことは、さきにお話したとおりです。規制緩和と一言で言っても、対象となる規制にはさまざまな種類のものがあります。ただ少なくとも、国民生活、個人の活性化に直接にかかわる規制緩和は、すみやかに実行されるべきであると考えています。たとえば、すでにかなり以前から話題になってきた、幼保一元化の問題があります。すなわち、幼稚園と保育所は「認定こども園」といった形で同じ施設で運営されていることも多いのですが、それぞれ省の所管が分かれており、また必要な会計書類や働く人に求められる資格なども異なるために、このタイプの施設の普及が妨げられています。しかし、ここで規制が緩和されて両者の垣根が低くなれば、新しい事業展開が可能になり新規の需要も生み出せるでしょうし、待機児童を解消し女性の労働参加率も上がってくるはずです。この問題については両者の一体化を推進するための制度改正が議論されているようですが、こうした形の規制緩和は、個人の活力を引き出す役割を果たすだろうと思います。

規制緩和というのは、そのプラスマイナスを合理的に議論しながら政策展開がなされる必要がありますが、いずれにしても、九〇年代以降新自由主義の潮流が有力になった時代より以前と比較すれば、程度や分野の問題は別にして、規制緩和という基本的な方向自体は定着してきています。それは、民主党であれ自民党であれ、党派にはかかわりませんし、行政のスリム化という大きな方向にも合致しています。

いま、国民生活、個人の活性化に直結するような規制緩和の例に触れましたが、規制緩和という課題は、とくに今日の経済的な危機に対応していくためにも、真剣に、またスピード感をもって、取り組まれる必要があります。目下の経済情勢の改善のために、とくに輸出、外需、とりわけ中国をはじめとするアジア諸国向けに期待するという話が多いのですが、他方で、先日のダボス会議で、国家戦略・行政刷新担当の仙谷大臣は、サービスや知識産業を中心に内需による経済構造という方向に変化を、と発言しています。

内需を高めるというのはたしかに長期的に見て重要な課題です。少子高齢化という深刻な課題はあるにしても、他方で日本では人びとの貯蓄水準はなお高く、環境さえ整えば内需を拡大できる可能性は十分にあると思います。また、いまやどの国も経済回復のために外需を期待していますし、海外市況の変動リスク、あるいは中国のバブルの可能性なども織り込んでおくべきでしょうから、ひたすら外需頼みというわけにはいかないでしょう。さらには、グローバル化がますます強まっていくこれからの時代には、限られた国だけが外需で成長するというシナリオは描きにくく、多くの国でお互いに協調しながら消費と成長をともにしていくという発想が必要になってきます。外需で一方的に潤うという構造は、サステイナブルなものではありません。

ただ、日本において、ここ当面の苦しさを何とか乗り切って、内需へのドライブを生み出すためには、まずは外需に大きな期待を寄せる必要がありそうに思います。いまの段階では、現実に外需が大きく日本経済の回復を牽引していますし、鉄鋼、自動車、電子部品・精密機器、さらには日用品分野などでも外需を切り開く力が日本にあります。またアジアをはじめとする諸外国も、そうした需要を持っていることは間違いありません。残念ながら、まだ、国内の設備投資や雇用改善へのはねかえりを生み出すには至っていない状況で、あとひと踏ん張りというところかと思います。

こうした外需への対応を強め、企業の対外的な競争力を高めていくためにも、規制緩和の政策にすみやかに取り組んでいくことが求められていると思います。とりわけ、いまの国庫の状況から財政出動という手段がなかなか難しい時代には、とにかく規制緩和をということに合理性があるように思います。そうした政策が、経済情勢の回復や雇用環境の改善を通じて、「危機のスパイラル」から抜け出す一つの糸口を与えることになるはずです。

大学の役割

こうした状況の中で、大学が出来ることは何でしょうか。

日本の競争力の強化という点で言えば、何よりも、研究開発力を強化し、それをスピーディに社会に生かしていくということです。昨年行われた、いわゆる「事業仕分け」の中では、残念ながら科学技術への十分な理解が得られていない部分もありましたが、他方で、いま政府が策定中の「成長戦略」の基本方針中の七つの主要分野の一つとして、「科学技術」ということが掲げられており、そのことに期待を寄せたいと思います。

この点は、とくにほかの多くの国が、近年、科学技術関係に大きな投資を行い続けていることを考えれば重要なことです。日本がほぼ横ばい状態であるのに対して、アメリカの科学技術関係予算は、二〇〇〇年度から二〇〇七年度までに一八五%と伸びており、また、昨年四月にはオバマ大統領が、「経済危機の今は『科学に投資する余裕はない』という人がいるが、私は根本的に同意できない」と述べたと聞いています。また、今回のダボスでも大きな存在感を発揮していた中国は、科学技術予算の増加率を財政経常的収入の増加率以上とする方針をとっており、実際、科学技術関連の中央財政の支出は、二〇〇八年度実績で前年より一六%増、二〇〇九年度予算は前年度比二五%増となっています。

多くの国の研究開発力が接近しており、僅差の開発競争にしのぎをけずっている状況にあることも、最近の大きな特徴です。量産技術に加えて、新しい発想で付加価値を生み出していく力をどこまでつけられるかが、研究開発に求められています。こうした中でいかにして日本が競争していくか、たしかに厳しい財政事情の下ですが、信念をもって将来を見定めた投資を行うことが必要な時代であると考えています。

大学は、こうした研究開発の分野と同時に、さきほど申し上げていた、「個人の活性化」というところで、大きな力を発揮します。教育を通じての、知識の涵養と、その知識を使いこなす活力を備えた自立的な個人の育成です。大学というのは一見社会から独立した存在のようですが、実際には、明治以降の歴史を見ると、大学の発展は、経済の発展、社会の発展と軌を一にしてきました。経済が右肩上がりの時は大学も右肩上がりで発展していきます。学生の元気もそうした経済・社会の雰囲気に影響されます。最近の学生について、いまの見通しにくい社会の雰囲気や、あるいは社会の安定化という背景もあるのでしょう、積極性が薄れてきているということが言われます。たしかに、元気な学生はあいかわらず元気がよいのですが、一般の学生の間に、以前と比べれば覇気がいま一つというように見える傾向が出てきているかもしれません。

そこで私が昨年四月の就任以来強調しているのが、「タフな東大生」をつくる、ということです。学生たちに知識をしっかり身につけてもらうことは教育として当然で、いまや数少なくなった教養学部の教育をいっそう充実させ、さらに学部後期課程の専門教育や大学院教育のいっそうの強化にも取り組んでいるところです。ただ、活力のある個人をというためには、知識だけではなく、たくましいコミュニケーション力や行動力も備えた学生を、もっとたくさん育てていかなければなりません。たとえば、東大の学生に対するアンケート調査の結果を見ると、大学で学問的知識は多く学べたが他者と討論する力といったものはあまり身についていないという結果が出ています。そこで、インタラクティブな授業や「討論を通して学ぶ」スタイルの授業を工夫して全ての学生が受講できるようにしたり、タウン・ミーティングなどのような形態も含めて学生参加型のイベントを催したりなどの工夫を始めています。討議力というのは、企業や社会で生きていく時に当然大切なものですが、さきに「個人の活性化」の動きとして言及した「新しい公共」といった社会的な仕組みを実現していく担い手の資質としても、大切なものであるはずです。

また、「タフさ」は、何より国際経験を通じて培われることは間違いありません。多くの未経験の事柄や新しい価値、考え方、習慣などとぶつかる中で、人は鍛えられていきます。現代において社会が直面している課題は、なかなか一国の中だけでは解決できないこともたくさんあります。金融規制などでも各国の規制の協調が求められることが多いのですが、そうした場では、国際的なセンスが当然に求められます。そこで、いま東大では、学部時代から国際経験を得られるような仕組みを強化しようと、工夫しているところです。学生をどんどん外に送り出していく機会をつくることが必要だと考えています。また、学生の日常生活にかかわることですが、学生寮の部屋の配置も、個室化の方向に進んではいますが、最近は、互いにいやおうなく顔を合わせるスペースを広くとるという設計コンセプトで、新しい学生寮を作るようにしています。しかも、できるだけ留学生と混住というやり方も考えています。

学生たちには、これまで以上に厳しい社会の中で頑張ってもらわなければなりません。私たちの学生時代は、とにかくほっておけばよいという感じでしたが、これからの時代は、良い意味で手をかけて――過保護という意味ではなくて――教育をしていかなければいけないと考えています。活気には知識だけでなく精神論も大切です。ただ、抽象的な精神論ではなく、合理的に鍛えられた精神論が必要であり、そうして育つ人材、自立した個人が、明日の日本を支えてくれることを期待しています。

日本の持ち味を

いまの日本経済をすぐに回復させる特効薬というのは、おそらくありません。社会を構成するメンバーが、それぞれの場で、それぞれの役割を確実に果たしていくという、地道な努力が必要な時代です。時代の負の雰囲気に流されずに、それぞれの役割を意識的に自覚して頑張る、そうした力を効果的に結び付けていくということが必要です。

たしかに日本は厳しい状況にあります。ともすれば後ろ向きの議論になりがちですが、日本の社会の持ち味、魅力を改めて確認してみることが、日本の人びとに自信をもたせることになると思いますし、また、そうした魅力が製品やサービスとも一体となって、日本の製品やサービスを海外に輸出していく際のセールスポイントともなるだろうと思います。この点で、今回の世界経済フォーラムの際に、日本経済新聞記者のインタビューにおいて、世界の再設計にあたって日本に対する期待を問われたクラウス・シュワブ会長が、「日本は平等な社会で、経済成長と公正さを両立させてきた。世界の再設計に対して大きな貢献ができる」と述べていたことは、一つの励ましになります。もっとも、昨年の世論調査では、経済的豊かさに対する不公平感が、他国に比べて日本で非常に高くなってきているというデータもあり、懸念材料ではありますが、この点についてもう一度日本の良さというものを確認し再建することが必要であると考えています。さらに、今日のアジアの状況を考えると、日本の魅力には、「自由と平和」あるいは「安全」という価値も付け加えてよいように思います。そこに、環境の重視や高齢化社会への積極的な対応姿勢も組み込んでいくべきでしょう。

どうも日本人は、ともすれば自省的になりがちな性癖がありそうですが、こうした危機の時代にこそ、改めて私たちが創ってきた素晴らしい社会と価値に自信をもって、未来に向けた歩みを着実にすすめるべきであろうと考えています。そして、そのような気持で、日本の大学としての役割を果たしていきたいと考えています。今後も皆さまからのご支援をいただくことができれば幸いです。

コラム

人生の移動距離

人は人生のうちに、どのくらいの距離を移動するのだろうか、何かの拍子にそんなことを思った。大学を卒業して、企業や官庁などに勤めると、あちこち転勤があることも多く、人生の移動距離は相当なものになるはずだ。

ただ、私の移動距離を計算してみると、極端に少ない。学部の三年生で本郷に来て、銀杏並木沿いの教室で勉強し、その後は、正門を入ってすぐの法学部の研究室で大学院生時代を過した。三四郎池の西側の「図書館団地」の一角にあった新聞研究所の助手として就職し、その後継組織である社会情報研究所、情報学環、そして、ここ六年近くは龍岡門脇の本部棟ということで、二年間の留学時代を除けば、せいぜい数百メートルの距離の範囲の内で、四〇年を生きてきた。この点では情けないほど世間が狭い。

ただ、私にとって幸いだったと思うのは、勤務した組織が、その後名称は二度変わったものの、一貫して学際的な雰囲気に満ちていたことである。そのために、さまざまな学問分野の概念、理論、そして知的センスに広く触れてまわることができた。また、私の専門分野の関係で、メディアの人たちとの付き合いが多かったことも、刺激的だった。かりに私が、「あいつは世間が狭い奴だ」と評されなくて済むとすれば、こうした知的精神的な意味での移動距離の大きさのお蔭である。

そこで、自分の人生は、地理的な移動距離は少ないが、知的精神的な移動距離は大きい、と突っ張ってみたい。地理的な観点だけで言えば、私よりさらに狭い範囲で、ずっと同じ学部、研究科の中で人生を送ってきた教員も少なくないだろう。しかし、知的精神的な観点からすれば、過去に遠く遡る歴史を研究する教員の移動距離、あるいは宇宙の神秘を探ろうとする教員の移動距離など、いかにも大きそうである。

こうした知的精神的な移動距離の大きさこそ、大学の持ち味である。はるかな距離を自由に飛び回る経験から、時代の未来を見つめる力も生まれる。この特徴を生かしてこそ、大学は明日の日本を支えるための貢献ができるのだと思う。

知を愛する人たちへ

社会人へのメッセージ

二〇一〇年六月二九日
日経ビジネスオンライン「知の最前線」インタビューからの抜粋／聞き手―瀬川明秀氏

知識と知識をつなぐヒントを与える

日本は天然資源が乏しい国ですが、経済が伸び盛りの頃は労働力があり、一定のスキルがあればどんどん生産力を高めることができました。ところが、いまはスキルだけでは生き残れない時代になっています。

とくに、グローバル化時代には、さまざまな価値観や考え方が社会のあらゆる場面に埋め込まれます。それらをビジネスモデルに取り込んでいくには、テクニック的なスキルだけではなく、幅広い知識や目配りが必要です。ここで言う知識とは、表層的・断片的な知識ではなく、私たちが「教養・智慧」と呼んでいる、歴史や国際社会の切磋琢磨に裏付けられた重みのある知の体系のことです。

国際競争が激しくなっている現代では、ちょっとした知識やアイデアだけでは通用しません。多様な知識が結び付いた総合的な知識が求められているのです。その知識を身に付けることによって初めて、世界に通用する創造力は生まれてくるものだと思います。

——インターネットの普及によって手に入れられる情報量は格段に増えているので、世界に通用する創造力を生み出しやすい環境とも言えますが、厳しい時代のせいもあるのか、自分も含め、それを生かせているのだろうかと疑問に感じることがよくあります。

私もそう感じることがあります。それはたぶん個々の知識と知識が結び付かなくなっている、俯瞰できない、体系化できない状態になっているからではないでしょうか。あるいは、個々の知識を自分の考え方や頭の中にある知識のプールにどうやって放り込めばいいのか分からない。そのあたりじゃないかと。

知識と知識をつなげて総合的に把握できる力を持っている人もいますが、そういう人であっても考える時間やきっかけがないということがよくあります。考える時間があってこそ、試行錯誤をしながらひとつの知識と別の知識を結び付けながら、解決策や新しい発想を見つけることができるのです。けれど、これには時間がかかります。そこで、「この知識とこの知識はここでつながっている、こうつなげば今持っている知識がもっと豊かに展開できる」、とつなぎ目を作る手掛かりを、言い換えれば、知の枠組みを広げる手伝いを、東大では提供していきたいと考えています。

とくに東大ＥＭＰ（エグゼクティブ・マネジメント・プログラム）に通っている社会人たちは非常に忙しい毎日を送っているので、知識をつないだり、相互の組み合わせを考えたりする時間や労力の効率化を手伝ってあげることが大事になります。それが、ＥＭＰの授業のポイントの一つです。つなぎ目のヒントを与え、それぞれが持っている力とうまく組み合わせて、総合的な視野や新しい発想を展開していくことを期待しています。

日本が失敗を許容できるのはいまが最後かもしれない

――知識と知識を結び付ける力を付けることが東大ＥＭＰの役割のひとつでもある。

そうですね。ゼロの状態から何かを創造しようとするのはなかなか大変です。幸いに大学という場ですから、皆さんがすでに持っている知識と知識を結び付ける中から新しいものを作り出していく教育が可能です。

もうひとつ重要なことは、「失敗を許容する力」です。当たり前のことですが、失敗の経験のない成功はあり得ません。ただ、結び付けた知識から生まれた新しいものを試し、結果を分析し、改善し、再度のチャレンジをしていくには体力が必要です。

いま、日本は、失敗を許容できる体力を持っていられる最後の時期だと私は思っています。中国やインドなど諸外国の勢いが増し続けている中で、このままでは一〇年後に、「ちょっと市場で実験してみましょう」、「失敗覚悟でやりましょう」とは言っていられない状況になってしまうことを危惧しています。

いまが、大きなチャレンジが許されるギリギリのところかなと感じているので、そのチャレンジのために必要な、多様な知識のつなぎ方やつなぐ道具と感覚を身に付けて欲しいと願っています。

私の仕事は、こうした意味での知識の大切さをできるだけ多くの人に説明し、大学のスタイルも必要に応じて変えながら、新しいことにチャレンジしようと動き出す人たちをサポートすることだと思っています。面白い試みを具体化するために、知識相互をロジックでうまくつないでいくためのアドバイスがいかにできるか、点であった知識をいかに線にして面にしていくかが重要なところです。

――まさに東大ＥＭＰというのは一つの機会ではあると思いますが、激変している社会の中で考える足場みたいなものがあまりないのかもしれません。個人個人で勉強してもらえばいいのかもしれませんが、一般の人たちが知識と知識を結び付けていく力をつけるには、どのような方法があるでしょうか。

知識には「面白さ」だけでなく「カッコ良さ」もある

大学がやっていることとのかかわりで言えば、公開講座やシンポジウムなどに参加して、たえず新しい知識に接してもらうのはいいだろうと思います。

ただ、それは確かに意味があるのですが、大抵はその場で「面白い」と感じるだけで終わってしまう。それでは、力を付けることはなかなかできません。次のステップとして、聞いたことを自分で考える、自分のこれまでの知識とつなぎあわせる、総合化してみる、という作業が必要になってきます。

理想的な形は、公開講座で聞いてきた知識がどのような意味なのか、どう展開できるのか、そういったことを複数の人たちの間で議論することです。

――個人で考えを深めることが出来る人もいますが、一種のグループワークみたいなことができると「面白かった」だけでは終わらないし、違った視点からの意見は刺激にもなりますね。

いまの時代は、知識に対する信頼感とか、くだけた表現で言えば「カッコ良さ」が薄れてきているという気がします。

断片的な情報はネットでどんどん入ってくるので、あれを知っている、これも知っているというのはもちろんあります。けれど、知識としてはかりに完全なものではなくても、ある場面に直面した時、自分はこう行動する、こう提案するなど、ただ知っているのではなく、何か積極的に考えることができる力が知識の本質です。

知識に対する尊敬感がなくなってくると、「行動するための知識をもっと身に付けよう」「考える力を強くしたい」という意欲も低下してしまうことを恐れています。

教育や研究が社会にどのように役立つのかを、大学はもっと見せないといけないのかもしれません。

それと同時に、どうも知識の受け手も、昔と比べて弱ってきているような気がします。

いずれにしても、新しい知識を学ぶことを「面白い」と言うだけではなく、それを反芻して、そこから何か新しいものを生み出すことの面白さを楽しめる流れを作る必要があるんじゃないかなと思っています。

一人でじっくりと考えることも悪いわけではありませんが、グループワークで、ひとつのテーマをみんなで考え、議論しながら知識を蓄え成長させていくことが「カッコ良い」という雰囲気、それを社会の中で盛り上げていけないかと、ひそかに思っているところです。そういう雰囲気を作らないと、いくら大学が「もっと知識を高めましょう」と言っても、社会が知的に豊かになることは難しいでしょうね。

教養は「局面で対応できる力」

——二〇〇八年から開講した東大ＥＭＰも第四期目が開講中ですが、総長は東大ＥＭＰをどのように見ていますか。

東大ＥＭＰでは、講義だけでなく、グループワークでみんなが頻繁に互いに議論を交わしています。定員が二五名という規模が、教え学び合う場として理想的な環境です。また、受講生たちの能力水準が比較的揃っているので、授業も進めやすい。授業で示された知識を自分の経験や持っていた知識と照らし合わせて消化していく力がある人達がほとんどですから、新しいことへのチャレンジにもつなげていきやすいという特色があります。

——先程おっしゃられた東大ＥＭＰ出身者たちが知の運動を広げていくことも期待できますね。

修了生たちがネットワークを作っていくことはとても大事です。それぞれの人が中心になって知の運動を行ってくれれば、東大ＥＭＰの社会的意味がさらに発揮できると思います。すでに、自主的な勉強会がいくつか立ち上がり、パブリックコメントを提言したり、現場を見に行く視察ツアーを行ったり、さらには有識者として政治の現場から意見を求められたりしています。企業から派遣された人達も、企業の枠を越えた視点に立つことが結果として企業の役に立つでしょうし、そのことで自ずと一般の人たちの知の運動の中心にもなってくれればいいなと。

――知への信頼、カッコ良さを取り戻すきっかけになればいいと。

そうですね。そうした知への信頼や知のカッコ良さが、かつては社会の活力や意欲につながっていたと思うんです。六〇年代以前の知識は持っていること自体が価値でした。今は持っている知識を動員して「いろいろな局面に対応できる力」が価値であり、それが新しい時代の教養の姿だと考えています。

グローバル化した社会は多様な価値や考え方や発想の時代であって、思いがけない方向から課題が飛んできます。そういう局面で対応できるのが教養の力ではないかと。「教養豊かな」というと知識をたくさん持っているだけという感じで受け止められてきたように思いますが、それだけではなく、実践的に問題に立ち向かえる力です。

これからの教養の意味を、そういった視点で強調していきたいと思います。

――今までのスタイルのビジネススクールでいいのかという問題意識から、現在のような教養・智慧をかなり厚くしたプログラムができたんですね。

要するにビジネスは、体系化されたスキルのようなものではないというところだと思います。ビジネスは一種の総合格闘技です。経営のスキルは大事ですが、時間的空間的な大きな広がりの中でいまの時代をどう捉えるか、またグローバル化の時代に多様化した人びとの心理や価値観をどう捉えて経営に生かしていくか、といったことが重要です。これまでのビジネススクールは、その部分が弱かったのではないかと思います。

時代は激しく、世界的なレベルで変化し続けています。異なった文化的なシチュエーションや価値観、感覚を養うには、いままでのスキルをベースにしながらも、変化の局面でどう判断していけばいいのかについて、知恵が必要になってきます。

豊かさを考え、東大から知の運動を広げていく

――知はカッコ良い、いろいろな局面に対応できる力を付けることが大事ではありますが、受け手が弱っている中では、幅広い知識を与えてもそれを発揮するのが難しくなりますよね。

そうですね。ですから、今までのようにカリキュラムをただこなすだけでは意味がありません。知識を具体的にどういうふうに生かせるのか、自分が実際にどう判断し、行動するのか、経験できる場を作らないとダメでしょうね。そういう機会を作るのはなかなか難しいのですが、せめてそのきっかけとして、小グループのディスカッション形式での授業も少しずつ増やしています。

一般の人たちの間でも「知識は大事だ」と直観している人は山ほどいるわけで、そういう人たちの力をさらに伸ばしていけるような機会を東大でも作っていきたいと考えています。

日本の社会はいまとても厳しい状況に置かれています。これまでのスキルが通用せず、次の手をどうすればいいのか、なかなか見えにくい時代になっています。そんな時代だからこそ、知識と知恵の宝庫である大学が動かないと、次の時代は面白くならないと思うんです。

ですから、東京大学からも、次の時代をどう作るんだというメッセージや、そのための知識をもっと発信していきたいと思っています。

【東大ＥＭＰ（東京大学エグゼクティブ・マネジメント・プログラム）】

二〇〇八年（平成二〇年）一〇月にスタートした社会人向け教育プログラムで、企業、政府機関、非営利団体など、将来、組織を担う人材を対象にして、全人格的なマネジメント能力を形成させるような「場」となることを目指している。このプログラムでは、東京大学が持つさまざまな分野における最先端の知識を自らのものとし、さらに、深い「教養・智慧」と実際的で柔軟な実行力を併せ持つ、高い総合能力を持った人材を育成する。定員は二五名程度の少人数教育で、受講期間は一期六カ月、毎週金曜日と土曜日に授業が行われる。詳細については、http://www.emp.u-tokyo.ac.jp/index.html を参照。

高校生・新入生へのメッセージ

知識の幅が広がると人生が豊かになります。私たちは知識を得ることや議論することで、自分自身の人間の幅を広げ、さらにはネットワークも広げているといえるでしょう。

「学ぶ」ということを通して、いろいろな人間とつきあうことができるのです。例えば、本を読むことでその著者と触れ合える。学問は歴史的に体系づけられていますから、現代の人だけでなく、過去の人ともつきあえる。過去から現在までの世界の人々と人間同士の触れ合いができるというのが、学問の、あるいは知識を得ることの面白さです。

単にある問題を解決するためだけに、知識が必要だというのではないのです。人生が豊かになると言ったのは、そういうことです。それによって、知識を得ようとどん欲な気持ちや楽しさも膨らんでくる。それが、知的欲求のモチベーションになっているのでしょうね。

二〇一〇年一〇月
『卓越する大学二〇一一』インタビュー記事を加筆修正

東大に入ったときの印象は、捉えどころのないところだなあということでした。高校時代までの知識は、教科書があり、教える先生の顔が見えた。授業の内容も筋道が決まっています。設問があり、正しい答えが一つあり、それに至るプロセスも決まっている。

ところが、大学では教科書以外にもたくさんの本があり、同じ分野のことでもまったく違った説が述べられている。どちらが正しいのだろうか。とまどいましたね。

それをどうやって学んでいくか、自分なりの方法論を見つけなくてはいけませんが、当時は、学生運動が盛んなときで、この手の本を読んでおかなきゃ恥ずかしいぞ、という雰囲気がありました。近頃は、知っていないということに対する恥ずかしさが少なくなっているかなと思うときがありますが、私たちの時代には、そうした恥じらいがあって、片っ端から本を読みました。吉本隆明の『共同幻想論』や埴谷雄高の『死霊』、和辻哲郎の『風土』、マルクス・エンゲルスものなど、大学に入ったばかりの学生が理解できるとは思いません。みな分かって読んでいるのではないかもしれませんが、それでいいのです。知的な力を鍛えていく一種のプロセスです。分からないから前へ進めないんじゃない。分からなくても前進して、議論をする。それが、重要です。その中で分かってくるものがある。

最近はあまり議論をしないとも言われます。非常に真面目で、分からないと次へ進めない。こんな質問をしたら笑われる、と思うのでしょうか。また、実際に「変な質問」を茶化し笑うような社会になっているのかもしれません。

いい加減でいいんです。欧米の学生がよく議論すると言われていますが、では彼らがいつもしっかりとした質問や議論をしているかといえば、必ずしもそうでもありません。いい加減さを恐れない、そこが大切なポイントです。

学びに対してどん欲な姿勢をもって欲しいですね。さまざまな知識と接したほうがいい。そのためにいろいろな方法論があります。本を読んでもいいし、ＮＰＯなどの現場やアルバイト、インターンで社会経験をしてもいい。どちらも人間との触れ合いにつながります。繰り返しになりますが、分からないでも、とにかく議論し、前へ進むことです。

大学で学ぶということは、第一義的には職業につくための基本的なスキルを身につけるということです。しかし、人生は職業だけではありません。職業以外の自分の暮らしを充実させるにはどうすればいいか、それが知識であり、その学びをするのが大学です。

ある意味で、高校までの知識は大学に入るための知識です。でも、受験勉強に代表される詰め込み型の知識も重要なんですよ。ある一時期、型にはめて詰め込むことも必要です。意義が分からないから知識を学べないというのではだめです。大学でもある程度詰め込みは必要で、その上で、その生かし方をどこまで学べるかが問題なのです。

今まで学んだ知識がどういう意味があるのか。それが社会のどの部分とつながっているのかを知るのが大学なんですね。もちろん大学では知識を深め、体系的に眺めるということがありますが、大学は自分が学ぶということがどういう意味を持つのかを初めて理解する場でもあるんです。

私が学生の頃のキャンパスは、ストライキが長く続いていたこともあり、学部であまり勉強をしていなかったから、大学院に入って初めて学問の面白さが分かった気がします。法学政治学研究科で憲法を勉強しました。

修士課程からずっと、「制度と自由のかかわり方」について研究していたんですが、その中で材料にしたのが、メディアの自由の問題だったんです。それ以来、情報政策やメディアに関する法を専門にするようになりました。

自分の考えた発想や論理や概念が、現場に通用するかどうか、そこが研究の面白さでした。例えば、自分が組み立てた論理を、現場の裁判官が受け入れてくれたときは嬉しさもありますし、論理の正確さが証明されたという喜びもあります。一方、現実には、論理だけでは解決できないこともある。そういった現場とのぎりぎりの緊張感も格別です。

つまり、積み上げた論理で、現場と交わることが大切なんです。それは、大学に入って得た自分の知識を「生き物」にするということです。知識を生き物にすることができるかどうか、そこが問われているのです。

コラム

初夢

初夢を見た。妙にリアルな夢だった。

建物の雰囲気から察すると、どうも駒場のキャンパスらしい。銀杏並木を歩いている女子学生がとても多い。目に入る学生の半分くらいはそうだ。東大の学部ではたしか二割くらいしか女性はいないはずなのに。そうか、何かイベントがあって、ほかの大学の女子学生がたくさん来ているのか、と納得した。それにしては、授業開始の時間になるとみんな教室に吸い込まれていく。とても不思議な光景を見た気がした。

正門の周辺には、新入生クラブ勧誘の立て看板が所狭しと並んでいる。新入生を迎える恒例の風景である。そういえば、さきほど教室に入っていった学生たちも、まだキャンパスに慣れないぎこちなさがあった。でも何かまわりの様子が変だ。新学期、木々の芽吹きの季節のはずなのに、立て看板を覆う木の葉がずいぶん繁っている。陽射しもどうも春の陽光ではない。秋のはじまりの空気だ。空も高い。

昼休みになったらしい。久しぶりに学食でランチを食べている。学生たちの会話がいやでも耳に入ってくる。「俺のロッジは……」「いや俺のロッジよりいいよ」「ロッジに面白い子がいて……」、そこかしこのテーブルが、「ロッジ」という話で盛り上がっている。何やら新しい経験に、みな興奮しているようだ。「私のロッジは自宅のすぐ近く」という声も聞こえてきた。どうも新入生は、全員が寮に入ることになっているらしい。

銀杏並木に戻った。銀杏並木なのだけれども、何か雰囲気が違う。道幅が広い。そうだ、これは本郷キャンパスの正門から安田講堂へ続く銀杏並木だ。ちょうど授業が終わったようで、たくさんの学生が建物から出てくる。そこかしこから、「やあ、久しぶり」という大きな声が聞こえてくる。まあ新学期で久しぶりなんだろうけど、そんなに大げさに言わなくても、と思う。でも雰囲気がやけにインターナショナルだ。「イエール」「バークレイ」「オックスフォード」「ペキン」「ソウル」「ミュンヘン」など、海外の大学の名前が競うように飛び交っている。学生たちはそれぞれ、その大学に留学して戻ってきたばかりらしい。「私はそこに来年行く予定」といった声も聞こえる。みんな留学するのが当たり前になっているようだ。

とにかく学生は元気で賑やかだ。少し圧倒される思いがして、遠慮がちに建物脇を歩いていると、アーケードの掲示板に鮮やかな文字のポスターが貼ってあるのが目に入った。「一兆円基金達成!」と大きな文字が躍っている。わが目を疑った。どうやら、たくさんの人たちの支援と努力のおかげで、アメリカの大学に匹敵するような基金が東大でも育ったらしい。この基金のおかげで、年間五〇〇億円の運用益が確保できて、きめ細かな少人数教育、留学や生活支援の奨学金、基礎研究や萌芽研究の支援、若手教員のポスト確保、老朽建物の改修整備などが着実にすすめられている、と説明がついている。

嬉しさと驚きの入り混じった気持ちでポスターに見入っていると、後ろから声をかけられた。たしか職員採用試験の折に面接をした女性で、能力があるんだからもっと自信をもつといいよと励ました職員だが、すっかり貫禄ができている。いま、財務担当の理事をしているると言う。その脇に立っているのは、以前にゼミに出席していた学生だったはずだ。いまは教授で、この理事の補佐をしながらも、教育研究をしっかりやれる時間がとれていますと、自信たっぷりである。

国立大学法人化前後から今日に至るまで、東京大学の教員・職員は、業務量の増大、研究資金獲得競争、国際化をはじめとする新しい課題への対応など、日々の仕事に追われ疲れきってきた。それでも、学生を大事に育てながら自らもよい研究をしていこう、教育研究の環境をよくしていこうと、一生懸命にやっている。大学というのは、人材育成にしても研究開発にしても、「未来」、「明日」に対して大きな責任をもつ組織である。そうした組織の人間が日々の仕事に疲れて夢を見られなくなるのでは困る。そもそも学問は、夢が原点でありドライブである。教職員や学生、そして知を大切に思い支える多くの人々が手を携えあっていく、大きな夢を見続けたい。

楽しい初夢だった。夢の続きはまだあったように思う。少しずつ思い出していくだろう。

濱田純一

（はまだ じゅんいち）

一九五〇年兵庫県生まれ。七二年東京大学法学部卒業、大学院法学政治学研究科に進学して憲法を専攻。「基本権理論における制度の観念」のテーマで八〇年法学博士号取得。東京大学新聞研究所助教授を経て、九二年に教授。九五年から九九年まで社会情報研究所長、二〇〇〇年から〇二年まで大学院情報学環長・学際情報学府長、〇五年から〇九年まで副学長を歴任。〇九年から東京大学二九代総長。

専門は、情報法、情報政策。著書に、『メディアの法理』（一九九〇年、日本評論社）、『情報法』（一九九三年、有斐閣）、『情報学事典』（共編著）（二〇〇二年、弘文堂）、『新訂・新聞学』（共編著）（二〇〇九年、日本評論社）ほか。総務省電波監理審議会会長などを務め、現在、日本マス・コミュニケーション学会会長、国立大学協会会長。

東京大学 知の森が動く

2011年 3月 1日 初 版

[検印廃止]

著 者 濱《はま》田《だ》純《じゅん》一《いち》

発行所 財団法人 東京大学出版会

代 表 者 長谷川寿一

113-8654 東京都文京区本郷7-3-1 東大構内
http://www.utp.or.jp/
電話 03-3811-8814 Fax 03-3812-6958
振替 00160-6-59964

組 版 有限会社プログレス
印刷所 株式会社ヒライ
製本所 矢嶋製本株式会社

ISBN 978-4-13-003335-0 Printed in Japan